Précis de contentieux des contrats publics au Cameroun

Jacques BIAKAN

Précis de contentieux des contrats publics au Cameroun

Préface de Alain Ondoua

L'Harmattan

Du même auteur, chez le même éditeur

DROIT DES MARCHÉS PUBLICS AU CAMEROUN. Contribution à l'étude des contrats publics, novembre 2011, ISBN : 978-2-296-56569-2, 132 pages

5-7, rue de l'École-Polytechnique, 75005 Paris
http://www.editions-harmattan.fr
ISBN : 978-2-343-13541-0
EAN : 9782343135410

TABLE DES ABRÉVIATIONS

ACCP :	Actualité de la Commande et des contrats Publics
AJDA :	Actualité Juridique, Droit Administratif
AU/DA :	Acte Uniforme sur le Droit de l'Arbitrage
BJCP :	Bulletin Juridique des Contrats Publics
Bull.Civ. :	Bulletin Civil de la Cour de Cassation
CAA :	Cour Administrative d'Appel
CCJA :	Cour Commune de Justice et d'Arbitrage
CE :	Conseil d'État
CERCAF :	Centre d'Études et de Recherches Constitutionnelles, Administratives et financières
CIRDI :	Centre International pour le Règlement des Différends aux Investissements
CJEG :	Cahiers Juridiques d'Électricité et de Gaz
CLT :	Compagnie Luxembourgeoise de Télédiffusion
CREAM :	Centre de Recherches et d'Études Administratives de Montpellier
CS/CA :	Cour Suprême Chambre Administrative
CTTS et MP :	Centre des Transports et de Transits de surface et Marché Public
D :	Dalloz

Dr. Adm :	Revue Droit Administratif
EDCE :	Études et Documents du Conseil d'État
ENAM :	École Nationale d'Administration et de Magistrature
JCP :	Juris-Classeur Périodique (La Semaine Juridique)
LGDJ :	Librairie Générale de Droit et de Jurisprudence
LPA :	Lefèvre Pelletier et Associés
OHADA :	Organisation pour l'Harmonisation en Afrique du Droit des Affaires
PUC :	Presses Universitaires du Cameroun
PUF :	Presses Universitaires de France
RASJ :	Revue Africaine des Sciences Juridiques
RDP :	Revue de Droit public
Rev. Arb :	Revue de l'Arbitrage
RFDA :	Revue française de Droit Administratif
RIDC :	Revue Internationale de Droit Comparé
RRJ :	Revue de la Recherche Juridique, droit prospectif
RTD.Com :	Revue Trimestrielle de Droit Commercial et de Droit Economique
TA :	Tribunal Administratif
TA/Ydé :	Tribunal Administratif-Yaoundé
TC :	Tribunal des Conflits
UEAC :	Union Economique de l'Afrique Centrale

REMERCIEMENTS

Nous voulons adresser nos sincères remerciements à :

- **Monsieur le Professeur Alain ONDOUA**, qui a mis à notre disposition le réseau de recherches de l'Agence universitaire de la francophonie et qui nous a fait l'honneur de sacrifier son précieux temps pour rédiger la préface du présent ouvrage ;

- **Monsieur Alexandre ANABA MBO**, Président du Tribunal Administratif de Yaoundé pour sa pleine disponibilité et sa franche collaboration concernant les aspects jurisprudentiels liés au thème ;
- **Madame Annie Noëlle BAHOUNOUI BATENDE**, Magistrat hors hiérarchie, pour son aide précieuse en matière de facilitation relationnelle et de collecte documentaire ;

- **Madame ZAMBO née ABENG SANDJO Michèle**, toujours disponible pour l'organisation bureautique de nos travaux scientifiques.

Que Dieu vous bénisse et vous protège !

PRÉFACE

Après s'être saisi du droit des marchés publics afin de contribuer à l'étude des contrats publics au Cameroun[1], le Professeur Jacques BIAKAN se propose, par le présent *Précis*, de prendre en charge le régime de ces contrats par son versant contentieux. Ouvrir ce nouveau chantier est à la fois heureux et logique dans la mesure où cela lui permet, aux plans notionnel et contentieux, d'éprouver les arcanes des « règles générales applicables aux contrats administratifs »[2] qui participent de l'exorbitance, très souvent affirmée, du droit des contrats publics[3].

Cette initiative est d'autant plus bienvenue que le domaine des contrats publics en général et celui de leur contentieux en particulier sont très peu explorés par la doctrine. Si cette affirmation est valable pour le Cameroun, un rapide pas de côté vers l'espace hexagonal nous révèle qu'en dehors de quelques études consacrées, dans une perspective globale, au contentieux des contrats

---

[1] BIAKAN (Jacques), *Droit des marchés publics au Cameroun. Contribution à l'étude des contrats publics*, Paris, L'Harmattan, coll. Droits africains et malgache, 2011, 130p.

[2] Pour reprendre l'une des formules de l'arrêt du Conseil d'Etat français, 2 février 1983, *Union des transports publics urbains et régionaux* : *RD publ.* 1984, p. 212, note Jean-Marie AUBY.

[3] A ce propos, cf. notamment CANEDO (Marguerite), « L'exorbitance du droit des contrats administratifs », in Fabrice MELLERAY (dir.), *L'exorbitance du droit administratif en question(s)*, Paris, LGDJ, coll. Publications de la Faculté de droit et des sciences sociales de Poitiers, 2004, p. 125.

publics[4], de nombreux travaux de recherche sont plutôt dédiés au contentieux à l'initiative des tiers[5], à celui de la fin des contrats[6], aux pouvoirs du juge administratif[7] ou encore au contentieux indemnitaire et à la responsabilité contractuelle[8].

Il s'agit donc d'une des œuvres pionnières en matière de droit positif camerounais. Elle s'inscrit dans un contexte caractérisé par le phénomène de contractualisation de l'action publique, et son périmètre

---

[4] Pour les principales, BERGEAL (Catherine) et LENICA (Frédéric), *Le contentieux des marchés publics*, 2ème éd. revue et corrigée, Paris, éd. du Moniteur, coll. Essentiels experts. Marchés publics locaux, 2010, 405p ; De BECHILLON (Denys) et TERNEYRE (Philippe), « Contrats administratifs (contentieux des) », *Encyclopédie Dalloz Contentieux administratif*, décembre 2000 (actualisation avril 2015), 108p.

[5] PREUD'HOMME (Laura), *L'articulation des voies de droit dans le contentieux de la commande publique à l'initiative des tiers au contrat*, Thèse de doctorat en droit public, Université Paris 1-Panthéon Sorbonne, 2013 ; GUILBAUD (Thomas), *Le contentieux des tiers au contrat administratif*, Thèse de doctorat en droit public, Université Paris1-Panthéon Sorbonne, 2016.

[6] PELGRIN (Karine), *Le contentieux de la fin du contrat : un droit à la recherche d'un nouvel équilibre contractuel*, Thèse de doctorat en droit public, Université de Nice-Sophia Antipolis, 2007.

[7] FALL (Moussa), *Les pouvoirs du juge administratif dans le contentieux des contrats*, Thèse de doctorat en droit public, Université Montesquieu-Bordeaux IV, 2003.

[8] BOURDON (Pierre), Le contentieux indemnitaire de la nullité du contrat administratif, Paris, L'Harmattan, coll. Logiques juridiques, 2009, 261p ; POUYAUD (Dominique), *La nullité des contrats administratifs*, Paris, LGDJ, coll. Bibliothèque de droit public, tome 158, 1991, 598p ; TERNEYRE (Philippe), *La responsabilité contractuelle des personnes publiques en droit administratif*, Paris, Economica, coll. Science et droit administratifs, 1989, 344p ; OUM OUM (Jean-Frank), *La responsabilité contractuelle en droit administratif*, Paris, LGDJ-Lextenso éd., coll. Bibliothèque de droit public, tome 270, 2014, 598p.

porte sur les contrats publics d'affaires[9] ou contrats dits de la commande publique, avec certes une certaine prédilection pour les marchés publics. La distinction classique et attendue entre le contentieux de la formation des contrats publics et celui de leur exécution[10] n'est mobilisée que dans la seconde partie de l'ouvrage. L'auteur tente ainsi – si l'on met de côté la présentation des sources – de s'inscrire dans une perspective consacrée à l'« évitement du contentieux » d'abord et à l'« accomplissement du contentieux » ensuite[11].

De quelques morceaux choisis, l'on peut détacher le soin mis par l'auteur à présenter les modes non juridictionnels et/ou consensuels de règlement des litiges contractuels (règlement amiable, transaction, arbitrage). Cette mise en valeur est d'autant plus importante que ces litiges opposent, en règle générale, « ...des personnes qui ne sont pas étrangères l'une de l'autre, qui ont eu le loisir de prévoir et de prévenir le risque contentieux en mettant en place des modes alternatifs de règlement des litiges, qui tiennent une place relativement importante en la matière... »[12].

---

[9] Sur cette notion, BRACONNIER (Stéphane), « La typologie des contrats publics d'affaires face à l'évolution du champ d'application des nouvelles directives », *AJDA* 2014, pp. 832-840.

[10] Pour une présentation épousant cette distinction classique, voir notamment PLESSIX (Benoit), *Droit administratif général*, Paris, Lexis Nexis, 2016, pp. 1441-1486.

[11] Nous empruntons cette distinction au fascicule de Denys de BECHILLON et Philippe TERNEYRE, « Contrats administratifs (contentieux des) », *op. cit.*

[12] RICHER (Laurent), *Droit des contrats administratifs*, 9ème éd., Paris, LGDJ-Lextenso éd., 2014, p. 275, n° 593. Dans le même sens, le professeur Stéphane BRACONNIER souligne, parmi les spécificités des litiges liés aux contrats de la commande publique, le fait qu'ils « opposent d'abord des parties qui, au moment de la conclusion du contrat, ont eu le loisir d'anticiper d'éventuelles

Est par ailleurs précieux, le dévoilement de quelques cas très récents de jugements notamment du Tribunal Administratif du Centre relatif au référé administratif et au sursis à exécution. Il est vrai qu'ils permettent principalement à l'auteur de souligner, en creux, l'incomplétude de la palette des voies de recours en matière de contrats publics au Cameroun. De ce point de vue, il appelle à quelques « innovations procédurales et jurisprudentielles », inspirées du contentieux des contrats publics d'affaires en France, à l'instar des référés précontractuel et contractuel ou encore du recours en contestation de validité du contrat[13].

Si l'on devait tirer un enseignement général de ce *Précis*, ce serait – pour reprendre l'auteur lui-même – la considération selon laquelle il s'agit d'un « contentieux aux caractéristiques particulières », en tant qu'il vise à rechercher la meilleure conciliation entre respect de la légalité (et donc des principes généraux de la commande publique) et stabilité des relations contractuelles. Cette considération générale aurait gagné à être approfondie afin de confirmer ou d'infirmer l'opinion doctrinale suivante : le droit du contentieux des contrats publics d'affaires donnerait à voir « une sorte d'autonomie par rapport au

---

difficultés et, partant, d'organiser une procédure amiable de règlement des litiges… » : BRACONNIER (Stéphane), *Précis du droit de la commande publique. Marchés publics – Concessions*, 5ème éd., Paris, éd. du Moniteur, coll. Guides juridiques, 2017, p. 609.

[13] Voir par exemple la synthèse de Florian LINDITCH, « Contentieux des contrats et marchés publics », *JurisClasseur Contrats et Marchés publics*, date de fraîcheur : 15 mars 2017 ; également GIRARD (Didier), « L'unité retrouvée du contentieux des contrats publics », revuegeneraledudroit.eu, consulté le 2 octobre 2017.

droit « général » du contentieux des contrats administratifs… »[14].

Mais, au vrai, l'ambition du professeur Jacques BIAKAN ne revenait pas à proposer au public un manuel ou encore un traité de contentieux des contrats publics. La présente œuvre devrait plutôt susciter un engouement pour la découverte, l'exploitation des informations qu'elle contient, et surtout ouvrir à des travaux de recherche universitaire dans le domaine du droit public des affaires au Cameroun. Comme toute œuvre pionnière, celle-ci gagnerait donc à être amplement saisie par les publics cible identifiés par l'auteur et, sans doute pour ce dernier, une invite subliminale à prolonger l'essai par l'ouverture d'un nouveau chantier éditorial, en l'occurrence les grandes décisions de la jurisprudence en matière de contrats publics au Cameroun.

Alain ONDOUA

Agrégé des Facultés de Droit

Professeur Titulaire des Universités en Droit public

Yaoundé, le 2 octobre 2017

[14] LACHAUME (Jean-François), BRACONNIER (Stéphane), PAULIAT (Hélène) et DEFFIGIER (Clotilde), *Droit administratif. Les grandes décisions de la jurisprudence*, 16ème éd. mise à jour, Paris, PUF, coll. Thémis droit, 2014, p. 508 ; également, BRACONNIER (Stéphane), « L'autonomie contrastée du contentieux des contrats publics d'affaires », *RD publ.* 2010, n° 2, p. 327.

INTRODUCTION

Les éléments de l'introduction du présent ouvrage s'articulent autour de quatre (04) principaux enjeux :

- Le contrat public et la contractualisation de l'action publique ;
- L'intérêt d'une étude sur le contentieux des contrats publics ;
- La présentation de l'ouvrage ;
- Le public cible.

1. Le contrat public et la contractualisation de l'action publique

En droit camerounais comme en droit français, le contrat public, entendu comme contrat de droit public, c'est-à-dire, comme un contrat administratif, se caractérise par des critères bien connus. En l'absence de qualification textuelle, constitue un contrat administratif, le contrat conclu par au moins une personne publique et dont les stipulations révèlent l'existence soit d'une clause exorbitante du droit commun, soit d'un lien suffisamment fort avec le service public[15].

L'illustration de cette affirmation est donnée par les textes qui définissent les marchés publics[16], les délégations

---

[15] BIDJA NKOTTO (T). Les contrats de l'administration au Cameroun. Thèse. Droit public. Panthéon, Sorbonne, 2000, 587 P. ; DE LAUBADERE (A), MODERNE (F) et DELVOVE (P). Traité des contrats administratifs, 2è éd., T2, 1984, LGDJ.

[16] Décret n° 2004/275 du 24 Septembre 2004 portant Code des Marchés Publics. De manière générale, BIAKAN (J). Droit des

de service public[17] ou les contrats de partenariat public-privé[18].

Au Cameroun comme dans plusieurs États modernes, le monde des affaires est par nature lié à l'État, car l'État s'est en partie construit sur la maîtrise de l'économie[19]. Dans ce contexte, et par le biais des contrats publics, l'État peut intervenir sur le marché pour collaborer avec les opérateurs économiques (publics ou privés), en vue de satisfaire directement ses besoins ou indirectement l'intérêt général de la population. Les contrats publics[20] sont donc des instruments juridiques par lesquels les personnes publiques confient à des opérateurs économiques des missions dans les domaines des marchés publics, des délégations de service public, des contrats de partenariat ou des conventions d'occupation du domaine public.

Si l'acte administratif unilatéral reste la voie de prédilection de l'administration, même si de plus en plus

---

marchés publics au Cameroun. Contribution à l'étude des contrats publics. Coll. Droits africains et Malgaches. L'Harmattan, 2001, 130 P.

[17] BIAKAN (J), « La délégation des services publics en droit camerounais », RASJ, vol. 7, n° 1, 2010, P. 219 et S. ; voir aussi ECKERT (G), « Un an de droit des délégations de service public », Contrats et Marchés Publics, n° 1, Janvier 2015, Chron. 1.

[18] Loi n° 2006/012 du 29 Décembre 2006 fixant le régime général des contrats de partenariat. Et plus généralement, BIAKAN (J), « Les spécificités des contrats de partenariat public-privé dans la chaîne des contrats publics ». Actes du colloque international sur LE CONTRAT au début du XXIème siècle « Regards croisés droit privé, droit public, Common Law », Université de Douala, 1er et 2 Juin 2015. A paraître chez Harmattan.

[19] MARGAIRAZ (M), « L'État, les finances et l'économie. Histoire d'une reconversion, 1932-1952 », Annales. Économies. Sociétés. Civilisations, Année 1992, Vol. 47, n° 6 PP. 1219-1221.

[20] Cf. CONTRATS PUBLICS. Mélanges en l'honneur du Professeur Michel GUIBAL. Préface André CASTAGNE CREAM. Presse de la Faculté de droit de Montpellier, Coll. Mélanges, 2 vol., 2016.

on parle de la fin de l'acte administratif[21] ou d'actes administratifs négociés[22], le recours au contrat ne cesse de gagner du terrain dans l'action publique au Cameroun et en Afrique dans un contexte marqué par les politiques publiques de désengagement de l'État[23]. Le contrat, défini à l'article 1101 du Code Civil comme « Une convention par laquelle une ou plusieurs personnes s'obligent envers une ou plusieurs autres à donner, à faire ou à ne pas faire quelque chose », est devenu incontournable dans l'action administrative. Souvent présenté comme synonyme de modernité, substituant la régulation et la négociation à la contrainte, libérant l'administration de ses rigidités, il apporterait pour ses défenseurs une légitimité nouvelle à l'action publique. Le recours des personnes publiques au contrat, qu'il soit de droit commun ou public, a pris une telle ampleur qu'il a fait l'objet en France du Rapport public du Conseil d'État de 2008 intitulé « Le contrat, mode d'action publique et de production de normes »[24]. Si ce rapport reconnaît qu'il n'existe aucun outil statistique fiable pour évaluer le nombre et le volume des contrats conclus par l'administration chaque année, l'augmentation

---

[21] CROUZATIER-DURAND (F). La fin de l'acte administratif unilatéral. Éd. L'Harmattan, Coll. Logiques juridiques, Paris 2003, 434 P.

[22] DEAU (R). Les actes administratifs négociés. Thèse de Doctorat, Droit Public, Université d'Angers, 2006, 576 P.

[23] FISETTE (J) et SALMI (M), « Le désengagement de l'État en Afrique et les initiatives locales : la naissance de nouvelles formes de partenariat », cahiers de géographie du Québec, Vol. 35, n° 95, 1991, PP 349-368.

[24] Conseil d'État. Le contrat, mode d'action publique et de production des normes. EDCE, n° 59. La Doc. Française 2008. Voir aussi CHEVALLIER (J), « Loi et contrat dans l'administration publique », cahiers du Conseil Constitutionnel, n° 17, Mars 2005 ; RICHER (L) : « Constitution, contrats et commande publique ». Nouveaux cahiers du Conseil Constitutionnel, (dossier Conseil Constitutionnel et le droit administratif), Octobre 2012 ; Conseil d'État, Section des rapports et des études. Guide des outils d'action économique, Juillet 2017.

du nombre et de la proportion des affaires contentieuses relatives aux contrats et aux marchés publics devant le juge administratif révèle l'engouement significatif pour ce procédé.

Le contrat s'est donc solidement ancré dans toutes les sphères de l'action publique. Il recouvre à la fois des relations entre diverses collectivités publiques et personnes privées, entreprises ou associations. Il y a de multiples causes à ce développement et notamment la remise en cause de la prééminence de l'État central agissant par la voie du commandement et de la contrainte qui accompagne un puissant mouvement de décentralisation, la complexité de structures administratives (Communes, Organisme de coopération intercommunale, Région, État, CEMAC), la difficulté croissante à mener des politiques publiques de façon isolée et non pas sectorielle. Plus encore, l'usager, placé de façon de plus en plus fréquente dans une situation contractuelle avec l'administration où son délégataire se transforme en client du service public.

2. L'intérêt d'une étude sur le contentieux des contrats publics

Le contentieux doit être entendu comme tout ce qui est susceptible d'être mis en discussion devant une juridiction. C'est le litige, le procès ou même la querelle[25].

Lorsqu'il est « administratif », le contentieux recouvre alors l'ensemble des litiges faits à ou par l'« administration » et dont le règlement appartient aux juridictions administratives[26]. Il s'agit alors d'étudier la

---

[25] AUBERT (S), « La notion de litige distinct dans le contentieux de l'exécution des marchés publics », AJDA, 2014, P. 1757.

[26] CHAPUS (R), Droit du contentieux administratif. Éd. MONTCHRESTIEN. 13 éd. 2008, 1540 P.

pathologie de l'administration, ses maladies, ses dysfonctionnements, les cas où celle-ci est attaquée par des personnes privées ou par d'autres administrations. De ce point de vue, l'expérience camerounaise du contentieux administratif est riche et diversifiée, qu'il s'agisse de l'analyse strictement juridique des structures[27] ou des procédures juridictionnelles auxquelles il fait référence en cas de litige administratif[28]. Il existe de nombreux recueils de la jurisprudence administrative camerounaise[29].

Dans le contentieux des contrats publics, le juge administratif camerounais est intervenu abondamment dans le domaine des marchés publics. Les différents recours l'on amené à statuer soit sur les critères d'identification des contrats publics[30], soit sur la résiliation des marchés publics aux torts exclusifs de l'administration[31], soit encore sur la résiliation unilatérale

---

[27] GUESSELE ISSEME (L.P). L'apport de la Cour Suprême au droit administratif camerounais. Thèse Doctorat Ph.D en droit public. Université de Yaoundé II, 2010, 702 P. ; ABA'A OYONO (J.C). La compétence de la juridiction administrative en droit camerounais. Thèse de Doctorat en Droit Public (N-R), Université de Nantes, 1994, 520 P.

[28] OWONA (J), Le contentieux administratif de la République du Cameroun, éd. L'Harmattan, 2011, 230 P ; KAMTO (M), Droit administratif processuel du Cameroun. PUC, 1990, 257 P. ; KEUTCHA TCHAPNGA (C), Précis de contentieux administratif au Cameroun, aspects de l'évolution récente. Yaoundé, l'Harmattan, 2014, 245 P. ; BINYOUM (J) et NGOLE NGWESE (Ph). Éléments de contentieux administratif camerounais, Harmattan 2010, 264 P.

[29] MBOME (F), Grands arrêts de la jurisprudence administrative camerounaise. Yaoundé. Pâques 1986, 342 P. ; BINYOUM (J), Les grands arrêts de la jurisprudence camerounaise, éd. Edicef 2008, 281 P. ; KEUTCHA TCHAPNGA (C). Les grandes décisions annotées de la juridiction administrative au Cameroun. Coll. Harmattan Cameroun. 2017, 734 P.

[30] CS/CA. Jugement n° 147/04-04-ADD du 31 Août 2005, Um NTJAM François C/ État du Cameroun.

[31] CS/CA. Jugement n° 50 du 1er Février 1985. AMSECOM/AMSECOM C/ État du Cameroun.

qui a pour contrepartie l'obligation d'indemniser intégralement le préjudice causé[32].

Après la loi n° 2006/022 du 29 Décembre 2006 fixant l'organisation et le fonctionnement des tribunaux administratifs, l'essentiel du contentieux des contrats publics concerne les marchés publics, notamment les litiges liés à la passation[33] ou à l'exécution des marchés publics[34], et la délicate question de recours gracieux préalable[35].

S'il existe effectivement un contentieux des marchés publics[36], notre réflexion ne vise pas uniquement les marchés publics dans le sens de l'article 5(1).a du Code des Marchés Publics dans sa rédaction issue du décret n° 2004/275 du 24 Septembre 2004, en ces termes : « Contrat écrit, passé conformément aux dispositions du présent Code, par lequel un entrepreneur, un fournisseur ou un prestataire de service s'engage envers l'État, une collectivité territoriale décentralisée, un établissement public ou une entreprise du secteur public ou parapublic, soit à réaliser des travaux, soit à fournir des biens ou des services moyennant un prix ». Notre approche intègre

---

32 CS/CA. Jugement n° 62/94-95 du 29 Juin 1995. The Big Brothers Trading Company C/État du Cameroun (MINDIC).

33 TA-Ydé. Jugement n° 101/2015 du 11 Août 2015. AMBASSA MBARGA Luc C/État du Cameroun (MINMAP).

34 TA-Ydé. Jugement n° 52/2015 du 5 Mai 2015. Ets TRANSPAC C/État du Cameroun (MINEE) ; TA-Ydé. Jugement n°16/2015 du 3 Mars 2015. TOUDJANI ALIFA C/État du Cameroun (MINPOST).

35 TA-Ydé. Jugement n° 96/2015 du 21 juillet 2015. SCIMPEX Afrique Sarl C/État du Cameroun (MINDCAF) ; TA-Ydé. Jugement n° 218/2015 du 08 Décembre 2015, Société anonyme TELESAT C/Etat du Cameroun (MINAT).

36 BERGEAL (C) et LENICA (F). Le contentieux des marchés publics. Edition le Moniteur, 2004. Voir aussi Fréderic Julien. Guide pratique et juridique du contentieux des marchés publics. Édition du Puits Fleuri. 2011, 234 P.

également les contrats de délégation de service public[37] et les contrats de partenariat public-privé[38] qui sont soumis au régime des marchés publics en ce qui concerne leur mode de passation, c'est-à-dire, qu'ils sont passés après mise en concurrence des cocontractants potentiels de l'Administration sur appel d'offres[39], même s'ils peuvent exceptionnellement être attribués selon la procédure de gré à gré dans les conditions définies par le Code des Marchés Publics[40].

Cette diversité des contrats publics permet de mettre en évidence deux concepts normatifs de portée partiellement distincte : les contrats publics et les contrats administratifs. Il s'agit de deux (02) concepts ayant une finalité dogmatique différente : le premier sert à la délimitation des activités précontractuelles comprises dans le champ d'application du régime de passation des marchés publics. Le second correspond au besoin ressenti de donner un régime substantif au moins partiellement différent de celui du droit civil aux contrats ayant un lien direct, tantôt avec l'exercice de pouvoirs ou de tâches administratives, tantôt

---

37 BIAKAN (J), « La délégation des services publics en droit camerounais ». Op. Cit., P. 221 ; Voir aussi : LINDITCH (F) « Les contrats de délégations de service public après l'ordonnance du 29 janvier 2016 », Contrats et Marchés Publics n° 3, Mars 2016, dossier 6 ; BRACONNIER (S), « Regards sur le nouveau droit des concessions ». La Semaine Juridique. Edition générale, n° 14, Avril 2016, Doctr 413 ; LLORENS (F) et SOLER-COUTEAUX (P), « Contrats de concession : la nouvelle donne », Contrat et Marchés Publics n° 3, 2016, repère 3 ; LICHERE (F) « La passation des concessions », AJDA 2016, P. 1000 ; La notion de risque d'exploitation in CE, 24 Mai 2017, n° 407213 ? Sté Régal des îles ; LOMBARD (F), « La notion de concession de services », RTD.Com 2017, P. 295.

38 BIAKAN (J), « les spécificités des contrats de partenariat dans la chaîne des contrats publics ». Op. Cit.

39 Art. 7(1) du Code des Marchés Publics.

40 Art. 7(2) du Code des Marchés Publics.

avec l'utilisation de biens publics. Les contrats publics viseraient alors non seulement les contrats de la « commande publique » qui couvrent à la fois les marchés publics et les concessions[41], mais aussi les partenariats public-privé. Il s'agit en fait des contrats publics d'affaires[42] qui sont régis par les principes de liberté d'accès à la commande publique, l'égalité de traitement des candidats et de transparence des procédures, l'objectif étant d'assurer l'efficacité de la commande publique et de la bonne utilisation des deniers publics.

Si le contentieux des contrats publics s'exprime par divers recours possibles devant le juge administratif et si le contentieux doit être entendu comme tout ce qui est susceptible d'être mis en discussion devant une juridiction, on doit reconnaître que l'objectif dans la vie des contrats publics est d'éviter le juge, « prévenir le contentieux », et « régler autrement les conflits ». Dans plusieurs États modernes comme la France, ce sont des préoccupations constantes tant du juge administratif lui-même[43] que la doctrine[44].

---

[41] DELVOVE (P), « Les contrats de la commande publique » RFDA 2016, P. 200.

[42] BIAKAN (J), « Recherches sur les contrats publics d'affaires au Cameroun » RASJ, n° spécial, 2014, PP. 135-156.

[43] Rapports et études du Conseil d'État. EDCE 1980, n° 32, P. 299 et S., et EDCE 1988, n° 40, P. 13 et S. ; Rapport du Conseil d'État. Régler autrement les conflits : conciliation, transaction et arbitrage en matière administrative, la documentation française, 1993, « Conseil d'État. Rapport public 2017. Les pages dédiées aux contrats ». Contrats et Marchés Publics, n° 8-9, Août 2017, Alerte 27.

[44] BRECHON-MOULENES (Ch), «Le règlement amiable dans les marchés publics ». Rev., Marchés Publics, 1987, P. 21 ; GAUDEMET (Y), « Le précontentieux », AJDA, 1994, n° spécial, P. 84 ; RICHER (L), « Les modes alternatifs des règlements des litiges et le droit administratif », AJDA 1997, P. 3 ; LAFAIX (J. F) « La régulation en matière contractuelle ». Contrats et Marchés Publics, n° 8-9, Août

Au Cameroun, le Code des Marchés Publics prévoit que « Les litiges résultant des marchés publics peuvent, en tant que de besoin, faire l'objet d'une tentative de règlement à l'amiable »[45] et plusieurs conventions de concession prévoient des clauses de règlement non juridictionnelles des litiges.

L'intérêt d'une étude sur le contentieux des contrats publics au Cameroun est également la prise en compte des réformes se traduisant, notamment par la création des tribunaux administratifs dont les contrats publics constituent un des champs de compétence[46]. D'une manière générale, le contentieux des contrats publics connaît d'importantes évolutions tant jurisprudentielles que textuelles. Les évolutions récentes en France en particulier, témoignent de la tension entre le respect de la légalité d'une part et le respect des droits des parties d'autre part. Dans le contentieux des contrats publics, s'opposent en effet, le caractère objectif de la légalité et le caractère subjectif des droits créés par le contrat. C'est cette tension qui explique les aménagements opérés par la jurisprudence. Les évolutions profondes visent à assurer une meilleure conciliation entre d'une part, la protection du principe de l'égalité qui régit l'action administrative et qui implique en la matière, notamment le respect de la liberté d'accès à la commande publique, de l'égalité de traitement des candidats et de la transparence des

2017, étude 9 ; HOURSON (S), « Les litiges entre personnes publiques en matière contractuelle ». Droit Administratif n° 8-9 Août 2017, 8 ; De BECHILLON (D) et TERNEYRE (Ph), « Contrats administratifs (contentieux des) ». Répertoire de contentieux administratif, Déc. 2000 (Actualisation Avril 2015)

[45] Article 91(1)

[46] Loi n° 2006/022 du 29 Décembre 2006 fixant l'organisation et le fonctionnement des tribunaux administratifs.

procédures et d'autre part, l'objectif de stabilité des relations contractuelles.

Le contentieux des contrats publics est devenu un contentieux aux caractéristiques particulières en raison de la diversification et de la spécialisation des sources des contrats publics ainsi que de la complexité des recours qui traduisent une insécurité juridique.

3. Présentation de l'ouvrage

En considérant les éléments mis en exergue par l'intérêt de l'étude fortement marquée d'une part par l'intervention du juge administratif pour le règlement des conflits nés de la formation et de l'exécution des contrats publics et d'autre part, par la préoccupation constante d'éviter le juge par les mécanismes de prévention qui règlent autrement les conflits, l'ouvrage analyse le contentieux des contrats publics à travers deux (02) parties :

- **Les sources du contentieux et les règlements non juridictionnels ;**
- **Les principaux recours en matière de contentieux des contrats publics.**

4. Le public cible

Cet ouvrage s'adresse à toute personne animée par la volonté et le souci de s'approprier des méandres du contentieux des contrats publics.

Nous pouvons sans exhaustivité interpeller les catégories ci-après :

- Les fonctionnaires et agents de l'État, des personnels des établissements publics et des collectivités territoriales décentralisées, les entreprises publiques pour développer leurs compétences et leur efficacité en matière de prévention et de gestion de divers contentieux en matière de contrats publics et leur fournir un manuel de base avec des références appropriées pour des études plus approfondies ;

- Les Magistrats, Avocats, Cabinets de Conseil Juridique pour s'approprier des spécificités assez complexes d'un nouveau champ disciplinaire, celui du contentieux des contrats publics ;
- Les opérateurs économiques (entrepreneurs et fournisseurs), pour leur permettre de s'engager avec toutes les préoccupations nécessaires dans un domaine en évolution constante où les erreurs peuvent être très préjudiciables. Il s'agit surtout de les amener à défendre leurs droits face à l'administration et aux éventuels concurrents ;
- Les enseignants d'Universités et Grandes Écoles de formation, les chercheurs, les juristes pour les besoins de recherches sur le sujet ;
- Les élèves des écoles de formation (ENAM, Travaux Publics, Polytechnique et autres), en vue de la maîtrise de certaines disciplines dispensées et dans le cadre de la réalisation des travaux scientifiques et le développement des connaissances sur la question ;
- Les étudiants des Facultés des Sciences Juridiques et Politiques dans le cadre des supports des enseignements liés au droit administratif, au contentieux administratif et au droit public des affaires.

PREMIÈRE PARTIE :

LES SOURCES DU CONTENTIEUX DES CONTRATS PUBLICS ET LES RÈGLEMENTS NON JURIDICTIONNELS

CHAPITRE 1 : LES SOURCES DU CONTENTIEUX DES CONTRATS PUBLICS

Le terme « source du droit » désigne habituellement dans les ouvrages de droit tout ce qui contribue ou a contribué à créer l'ensemble des règles juridiques applicables dans un État à un moment donné (le droit positif et le droit non écrit)[47]. Selon une autre définition, les sources du droit sont les prémisses de tout raisonnement juridique. En ce sens, les sources du droit ne sont pas « ce qui contribue à créer du droit », ni l'origine du droit, mais le point de départ d'un raisonnement[48].

À l'instar du droit public des affaires[49], les sources du contentieux des contrats publics sont dominées par des normes constitutionnelles, internationales et communautaires (Section I) et par les normes législatives réglementaires et contractuelles (Section II).

SECTION I : LES NORMES CONSTITUTIONNELLES, INTERNATIONALES ET COMMUNAUTAIRES

Le contentieux des contrats publics fonde sa légalité sur le droit constitutionnel, le droit international, à travers le droit communautaire sous-régional.

---

[47] SEILLER (B), Droit administratif. Les sources et le juge, T1, Flammarion, 6 éd, 2016, 350 P.
[48] GOLTZBERG (S), Les sources du droit, éd., PUF. Que sais-je ? 2016.
[49] NICINSKI (S), Droit public des affaires, LGDJ, Précis Domat, 2016, 784 P.

§1- LES BASES CONSTITUTIONNELLES DU CONTENTIEUX DES CONTRATS PUBLICS

La constitution de la République du Cameroun issue de la loi n° 96/16 du 18 Janvier 1996 et modifiée par la loi n° 2008/001 du 14 Avril 2008 contient de nombreuses dispositions concernant les contrats publics dans son sens le plus large intégré dans le contentieux administratif. On distingue ainsi, d'une part les principes généraux (A), et d'autre part l'organisation et le fonctionnement de la juridiction administrative (B).

A/ LES PRINCIPES GÉNÉRAUX DU SYSTÈME JUDICIAIRE

Consacré dans son indépendance par la constitution, le pouvoir judiciaire est exercé au Cameroun par la Cour Suprême, les Cours d'Appel, les Tribunaux[50]. Garant de l'indépendance du pouvoir judiciaire, le Président de la République nomme les Magistrats[51].

Dans son préambule, la constitution camerounaise affirme solennellement les principaux principes du système judiciaire national :

- L'égalité devant la justice : « La loi assure à tous les hommes le droit de se faire rendre justice » ;
- La non-rétroactivité des lois : « La loi ne peut avoir d'effet rétroactif. Nul ne peut être jugé et puni qu'en vertu d'une loi promulguée et publiée antérieurement au fait punissable » ;
- La présomption d'innocence : « Tout prévenu est présumé innocent jusqu'à ce que sa culpabilité soit établie au cours d'un procès conduit dans le strict respect des droits de la défense ».

---

[50] Art. 37(2)

[51] Art. 37(3)

B/ L'ORGANISATION ET LE FONCTIONNEMENT DE LA JUSTICE ADMINISTRATIVE

La Cour Suprême est la plus haute juridiction de l'État en matière judiciaire, administrative et de jugement des comptes[52]. Elle comprend :

- Une Chambre judiciaire ;
- Une Chambre administrative ;
- Une Chambre des comptes.

La Chambre administrative connaît de l'ensemble du contentieux administratif de l'Etat et des autres collectivités publiques[53]. Elle statue souverainement sur les décisions rendues en dernier ressort par les juridictions inférieures en matière de contentieux administratif. Enfin, l'organisation, le fonctionnement, la composition, les attributions des Cours d'Appel, des tribunaux de l'ordre judiciaire, des tribunaux administratifs et des juridictions inférieures des comptes ainsi que les conditions de saisine et la procédure suivie devant eux sont fixés par la loi[54].

On peut ainsi conclure que l'existence de la juridiction administrative est garantie par la constitution. Dans ce contexte, et comme le souligne René CHAPUS « La constitution ne se borne pas à faire de la compétence de cette juridiction une matière législative. Elle détermine en outre elle-même, directement, certaines règles relatives à sa compétence et ces règles doivent alors, bien entendu, être respectées par le législateur »[55].

---

[52] Art. 38(1)
[53] Art. 40
[54] Art. 42(2)
[55] CHAPUS (R). Droit du contentieux administratif, Montchrestien, 12e éd., 2006, P. 85.

§2- L'INFLUENCE DES DROITS COMMUNAUTAIRES

Il s'agit du droit OHADA[56] (A) et du droit de la CEMAC[57] (B).

A/ LE DROIT OHADA

Le 17 Octobre 1993, a été signé à Port-Louis (Île Maurice), en marge du 5è Sommet de la francophonie, le Traité sur l'Harmonisation du Droit des Affaires en Afrique, dénommé « Traité OHADA », signé à l'origine par 14 États[58] et 03 autres y ont adhéré par la suite[59].

Le préambule du Traité prévoit que les États membres sont « désireux de promouvoir l'arbitrage comme instrument de règlement des différends contractuels » et l'article 1er dispose clairement que « Le présent Traité a pour objet l'harmonisation du droit des affaires dans les États parties par l'élaboration et l'adoption de règles communes simples, modernes et adaptées à la situation de leurs économies, par la mise en œuvre de procédures judiciaires appropriées, et par l'encouragement au recours à l'arbitrage pour le règlement des différends contractuels ».

Cet article ne pose pas de distinction particulière entre contrats privés et contrats publics dans le cadre d'un contentieux contractuel communautaire.

---

[56] Organisation pour l'Harmonisation en Afrique des Droits des Affaires

[57] Communauté Economique et Monétaire de l'Afrique Centrale.

[58] Benin, Burkina Faso, Cameroun, République Centrafrique, Comores, Congo (Brazzaville), Côte d'Ivoire, Gabon, Guinée Equatoriale, Mali Nigeria, Sénégal, Tchad, Togo.

[59] Guinée Conakry, Guinée Bissau, République Démocratique du Congo.

B/ LE DROIT DE LA CEMAC

On peut identifier deux (02) sources du contentieux des contrats publics dans la mise en œuvre du règlement relatif à la charte des investissements de la CEMAC et la Directive relative au code de transparence et de bonne gouvernance dans la gestion des finances publiques.

1- Le règlement n° 17/99/CEMAC-020-CM-03 relatif à la charte des investissements de la CEMAC

En droit communautaire, le règlement a une portée générale et est obligatoire dans tous ses éléments et directement applicable dans tout État membre[60]. Dans le sens juridique et judiciaire de ce règlement, l'article 5 précise que « Les États membres s'efforcent de former les juges au traitement des affaires commerciales, et si possible, y spécialisent certaines juridictions… Ils veillent à l'exécution diligente des décisions de justice ».

De même, « les États encouragent le recours à la procédure d'arbitrage et garantissent l'application des sentences arbitrales ».

2- La Directive n° 06/11/UEAC-190-CM-22 relative au code de transparence et de bonne gouvernance dans la gestion des finances publiques

La Directive lie tout État membre destinataire quant au résultat à atteindre tout en laissant aux instances nationales la compétence quant à la forme et aux moyens[61].

---

[60] Cf. DONY Marianne. Droit de l'Union Européenne, vol.2, Éd. de l'Université de Bruxelles, Coll. « UB lire », 2014, 832 P.

[61] Sur la question, voir ALBERTON (G) « L'applicabilité des normes en droit interne, les autorités administratives françaises : obligation de faire et de ne pas faire » RFDA, Janv.-Fév. 2012, PP 1-19.

Le code de transparence et de bonne gouvernance dans la gestion des finances publiques au sein de l'Union Économique de l'Afrique Centrale (UEAC) définit les principes et les obligations que les États membres doivent respecter dans leur législation comme dans leur pratique, aussi bien pour la gestion des fonds de l'État et celles des autres administrations publiques que pour les fonds de l'assistance extérieure, accordés par les institutions internationales ou les États étrangers.

En affirmant comme principe de base la légalité et la publicité des opérations financières publiques, il est admis que la réglementation, applicable au marché public et délégation de service public, est conforme à ce code ainsi qu'aux principes, règles et pratiques internationalement reconnus.

Par ailleurs, les contrats entre l'administration et les entreprises publiques ou privées, notamment les entreprises d'exploitation de ressources naturelles et les entreprises d'exploitation de concessions de service public sont clairs et mis à la disposition du public.

Ces principes valent tant pour la procédure d'attribution des contrats que pour son contenu. Ces contrats sont régulièrement contrôlés par la Cour des Comptes et par des Commissions parlementaires compétentes. L'implication du Gouvernement dans le secteur privé doit être menée dans la transparence et sur la base des règles et procédures non discriminatoires.

Le code de transparence et de bonne gouvernance dans la gestion des finances publiques illustre les contraintes spécifiques des contrats d'État à l'épreuve du droit international[62].

SECTION II : LES NORMES LÉGISLATIVES, RÉGLEMENTAIRES ET LES CLAUSES CONTRACTUELLES

Les sources du contentieux des contrats publics sont aussi issues des lois et des textes à caractère réglementaire. Mais de plus en plus, plusieurs contrats publics contiennent des clauses qui encadrent ou orientent les parties en cas de contentieux.

§1- LA VALEUR DES NORMES LÉGISLATIVES

La loi n° 2006/016 du 29 Décembre 2008 fixant l'organisation et le fonctionnement de la Cour Suprême et la loi n° 2006/022 du 29 Décembre 2006 fixant l'organisation et le fonctionnement des tribunaux administratifs, peuvent être considérées comme le fondement du contentieux des contrats publics au Cameroun. Ces deux textes mettent en exergue l'organisation de la justice administrative (A) et le champ d'application du contentieux administratif (B).

A/ L'ORGANISATION DE LA JUSTICE ADMINISTRATIVE

Cette organisation établit une trilogie constituée de la Cour Suprême, la Chambre administrative et des tribunaux administratifs.

[62] Voir sur ce point, LANKARANI EL-ZEIN. Les contrats d'État à l'épreuve du droit international, Éditions Brylant, Coll. Droit international, 2001, 572 P.

1- La Cour Suprême

La Cour Suprême est la plus haute juridiction en matière judiciaire administrative et des comptes. Elle comprend[63] :

- Une Chambre judiciaire ;
- Une Chambre administrative ;
- Une Chambre des comptes ;
- Une formation des Chambres réunies ;
- Une Assemblée Générale ;
- Un Bureau ;
- Un Secrétariat Général ;
- Un Greffe.

2- La Chambre administrative

La Chambre administrative est compétente pour connaître[64] :

- Des appels formés contre les décisions rendues en matière de contentieux des élections régionales et municipales ;
- Des pourvois formés contre les décisions rendues en dernier ressort par les juridictions inférieures en matière de contentieux administratif ;
- Les exceptions préjudicielles en matière de voies de faits et d'emprises devant les juridictions inférieures en matière de contentieux administratif ;
- De toute autre matière qui lui est expressément attribuée par la loi.

---

[63] Loi n° 2006 /016 du 29 Décembre 2008 fixant l'organisation et le fonctionnement de la Cour Suprême. Art. 7(1).
[64] Ibid. Art. 38.

La Chambre administrative comprend plusieurs sections[65] :

- Une section du contentieux de la fonction publique ;
- Une section du contentieux fiscal et financier ;
- Une section du contentieux des contrats administratifs ;
- Une section du contentieux et de l'annulation des questions diverses.

Si chaque section connaît des appels et des pourvois en cassation relatifs aux matières qui relèvent de sa compétence, on note que l'érection d'une section du contentieux des contrats administratifs traduit la spécificité du contentieux des contrats publics dans la hiérarchie du bloc constitué par le contentieux administratif.

3- Les tribunaux administratifs

Les Tribunaux administratifs sont des juridictions inférieures en matière de contentieux administratif au sens de l'article 40 de la constitution en vigueur[66]. Ils connaissent en premier ressort, du contentieux des élections régionales et municipales et en dernier ressort, de l'ensemble du contentieux administratif concernant l'Etat, les collectivités territoriales décentralisées et les établissements publics administratifs.

B/ LE CHAMP D'APPLICATION DU CONTENTIEUX ADMINISTRATIF

Au Cameroun, le contentieux administratif est entendu comme l'ensemble des litiges dont le règlement appartient

---

[65] Art. 9(1)

[66] Loi n° 2006/022 du 29 Décembre 2006 fixant l'organisation et le fonctionnement des Tribunaux administratifs : Art. 2.

aux juridictions administratives et est bien cerné par le législateur[67]. Il comprend :

- Les recours en annulation pour excès de pouvoir et, en matière non répressive, les recours incidents en appréciation de légalité. Est constitutif d'excès de pouvoir au sens de la loi :
    - Le vice de forme ;
    - L'incompétence ;
    - La violation d'une disposition légale ou réglementaire ;
    - Le détournement de pouvoir.
- Les actions en indemnisation du préjudice causé par un acte administratif ;
- Les litiges concernant les contrats (à l'exception de ceux conclus même implicitement sous l'empire du droit privé) ou les concessions de service public ;
- Les litiges intéressant le domaine public ;
- Les litiges intéressant les opérations du maintien de l'ordre.

§2- LES NORMES RÉGLEMENTAIRES ET LES CLAUSES CONTRACTUELLES

A/ LES NORMES RÉGLEMENTAIRES

Le décret n° 2004/275 du 24 Septembre 2004 portant Code des Marchés Publics peut être considéré comme le règlement de référence en matière de sources du contentieux des contrats publics, mais il existe des règlements hors Code des Marchés Publics.

---

[67] Ibid. Art. 2(3)

1- Le code des marchés publics

Le titre IV de ce décret est consacré au contentieux et aux sanctions relatives aux marchés publics. Le chapitre relatif au contentieux met l'accent sur les litiges pouvant faire l'objet d'une tentative de règlement à l'amiable, les recours et les résiliations. Les dispositions relatives aux marchés publics visent également les concessions et les contrats de partenariat dans la phase de passation.

Les concessions en effet, font l'objet d'une mise en concurrence, conformément aux dispositions prévues par le code des marchés. Cette mise en concurrence est toujours précédée d'une pré-qualification qui a pour objet d'identifier les cocontractants potentiels qui offrent des garanties techniques et financières suffisantes et qui ont la capacité d'assurer la continuité du service public dont ils seront délégataires.

De même, la passation d'un contrat de partenariat est soumise aux principes de liberté d'accès, d'égalité de traitement des candidats, d'objectivité des procédures, de concurrence et de transparence[68].

2- Les règlements hors Code des Marchés Publics

On peut citer de manière particulière :

- L'arrêté n° 033/CAB/PM du 13 Février 2007 portant cahiers des clauses administratives générales applicables aux marchés publics des travaux, de fournitures, de services et de prestations intellectuelles dont les dispositions prévoient le traitement des différends et litiges[69] ;

[68] Loi n° 2006/012 du 29 Décembre 2006 fixant le régime général des contrats de partenariat. Art. 8(1)
[69]Art. 79

- La décision n° 0010/D/MINMAP/CAB du 28 Janvier 2013 portant création, organisation et fonctionnement du Comité d'examen des différends relatifs à la passation des marchés publics ;
- La décision n° 0463/D/MINMAP/CAB du 25 Août 2015 portant réorganisation du Comité d'examen des recours et des différends relatifs à l'attribution des marchés publics.

B/ LES CLAUSES CONTRACTUELLES

Les modalités de règlement des litiges et différends sont prévues dans plusieurs contrats de concession. Il en est ainsi de la convention de concession de l'activité ferroviaire au Cameroun[70] qui prévoit que « l'État et le concessionnaire s'efforcent de régler à l'amiable tous les différends et litiges relatifs à l'interprétation et l'application des clauses de la présente convention ». Et dans le cas où un règlement à l'amiable est impossible, le différend ou le litige est réglé conformément à la procédure arbitrale définie dans la convention. La même procédure est envisagée dans la convention de concession de gestion et d'exploitation d'aéroports[71] et dans la convention de concession de la téléphonie cellulaire[72].

---

[70] Convention de concession de l'activité ferroviaire au Cameroun entre la République du Cameroun et le concessionnaire CAMRAIL du 19 Janvier 1999. Art. 49

[71] Convention de concession de gestion et d'exploitation d'aéroports entre l'Etat du Cameroun et la société « Aéroport du Cameroun » du 12 Août 1994. Art. 5.3

[72] Convention de concession de la téléphonie cellulaire entre la République du Cameroun et la Société Camerounaise de Mobiles. Art. 5.3

CHAPITRE 2 : LES RÈGLEMENTS NON JURIDICTIONNELS DES LITIGES CONTRACTUELS

Face à l'inflation du contentieux administratif, le règlement des litiges hors des juridictions étatiques fait l'objet d'un intérêt certain de la part des pouvoirs publics dans les États modernes[73] . En France par exemple, on évite de plus en plus le juge administratif en raison d'une part de l'engorgement de la juridiction administrative et l'allongement corrélatif des délais de jugement de ces litiges au fond[74], et d'autre part, le fait que les règlements non juridictionnels des litiges sont en général assurés en droit mais aussi, le cas échéant en équité, qu'ils sont dépouillés du formalisme attaché à la procédure contentieuse, qu'ils permettent de contester la régularité d'actes insusceptibles de recours devant le juge et, enfin et surtout, qu'ils sont le fait des parties en litiges alors que, lorsque le juge est saisi, c'est lui qui dirige l'instruction[75].

En droit camerounais, les modes de règlement aux solutions non obligatoires constituent une réalité à travers les recours administratifs (Section I). Par ailleurs, on note

---

[73] Voir VRIGNAUD (M). Les modes non juridictionnels de règlement des litiges administratifs. Thèse de Doctorat droit public. Université de Nantes. École doctorale de droit, Economie-Gestion, Sociétés, Territoires. Décembre 2016

[74] BROYELLE DE CAMILLE. Contentieux administratif. LGDJ, 2011, 480 P.

[75] Cf. LAGARDE (X) « Droit processuel et modes alternatifs de règlement des litiges » Rev. Arb. 2011, n°3, P. 423 ; Voir aussi GAUDEMET (Y), « Le précontentieux : le règlement non juridictionnel des conflits dans les marchés publics » AJDA, 1994, P. 84.

une évolution significative des modes de règlement aux solutions obligatoires se traduisant par la transaction et l'arbitrage (Section II).

SECTION I : LES RECOURS ADMINISTRATIFS

Lorsque l'administration prend une décision qui vous est défavorable, vous pouvez lui demander de revoir sa décision par un recours administratif qui est la première manière de tenter de régler un différend. Le recours peut être gracieux s'il s'adresse à l'auteur de la décision contestée. Il peut être hiérarchique s'il s'adresse au supérieur hiérarchique de l'auteur de la décision[76] .

En matière contractuelle, une analyse des recours permet de distinguer les recours administratifs en phase de passation du contrat public (§1) et les recours administratifs en phase d'exécution du contrat public (§2).

§1- LES RECOURS ADMINISTRATIFS EN PHASE DE PASSATION DU CONTRAT PUBLIC

Cette phase se caractérise par le recours formé par un soumissionnaire lésé (A) et l'institution d'un Comité d'examen des différends relatifs à la passation des marchés publics (B).

[76] Sur la question des recours administratifs, voir en particulier : NIHOUL (P). L'administration contestée, les recours administratifs internes. BRUYLANT, 2006, 272 P ; AUBY (J.M). Traité des recours en matière administrative. Vol 1, LITEC-PARIS. 1992 .686 P, CAILLE. (P. O). Le contentieux administratif. Le juge administratif et le recours .Vol. 1. La documentation française 2014, 80 P.

A/ LES RECOURS FORMES PAR UN SOUMISSIONNAIRE

Le recours est juridiquement encadré dans les délais précis.

1- L'encadrement juridique du recours

L'article 92 du décret n° 2004/275 du 24 Septembre 2004 portant Code des Marches Publics est le fondement juridique de cette procédure.

Ainsi, tout soumissionnaire qui s'estime lésé dans la procédure de passation des marchés publics peut introduire une requête, soit auprès du Maître d'Ouvrage ou du Maître d'Ouvrage délégué, soit directement auprès de l'autorité chargée des marchés publics, en transmettant dans chacun des cas une copie à l'organisme chargé de la régulation des marchés publics :

- Entre la publication de l'avis d'appel d'offres y compris la phase de pré-qualification des candidats et l'ouverture des plis ;
- À l'ouverture des plis ;
- Entre la publication des résultats et la notification de l'attribution.

Le décret n° 2008/0115/PM du 24 Janvier 2008 portant modalités d'application de la loi n° 2006/12 du 29 Janvier 2006 fixant le régime général des contrats de partenariat, précise en son article 38 que « Tout candidat qui s'estime lésé dans la procédure de passation d'un contrat de partenariat peut introduire un recours auprès de l'autorité adjudicatrice ».

2- Les délais de recours

Dans le cadre des marchés publics, le délai s'apprécie selon les phases de la procédure de passation.

- Entre la publication de l'avis d'appel d'offres y compris la phase de pré-qualification des candidats et l'ouverture des plis, le recours doit parvenir au Maître d'Ouvrage ou au Maître d'Ouvrage délégué au plus tard quatorze (14) jours avant la date d'ouverture des plis. Ce recours n'est pas suspensif.
- À l'ouverture des plis, le recours ne porte que sur le déroulement de cette étape, notamment le respect des procédures et la régularité des pièces vérifiées.

Le recours doit parvenir dans un délai de trois (3) jours ouvrables après l'ouverture des plis, sous la forme d'une lettre à laquelle est obligatoirement joint un feuillet de la fiche de recours dûment signé par le requérant et, éventuellement, par le Président de la Commission de Passation des Marchés. Ce recours n'est pas suspensif.

- Entre la publication des résultats et la notification de l'attribution, les recours ne peuvent porter que sur l'attribution. Le recours doit être adressé à l'autorité chargée des marchés publics avec copie à l'organisme chargé de la régulation des marchés publics, au Maître d'Ouvrage ou au Maître d'Ouvrage délégué et au Président de la Commission. Le recours doit intervenir dans un délai maximum de cinq (5) jours ouvrables après la publication des résultats. Ce recours peut donner lieu à la suspension de la procédure, à l'appréciation de l'autorité chargée des marchés publics.

En matière de contrat de partenariat, le recours du candidat qui s'estime lésé est formé dans un délai de trois (03) jours, à compter de la date de publication et de notification des résultats de chacune des phases de passation du contrat de partenariat. Ledit recours porte uniquement sur le respect du règlement de la concurrence.

B/ LE COMITÉ D'EXAMEN DES DIFFÉRENDS RELATIFS A LA PASSATION DES MARCHÉS PUBLICS

La décision n° 0010/D/MINMAP/CAB du 28 janvier 2013 a créé auprès du ministre en charge des marchés publics, un Comité d'examen des différends relatifs à la passation des marchés publics.

Ce Comité est une instance consultative ayant pour mission d'assister le ministre délégué d'une part dans la résolution des cas de divergence entre les Commissions de Passation des Marchés et les Directions générales du ministre et d'autre part, en matière d'examen des recours introduits par les soumissionnaires. Le Comité est ainsi chargé :

- de procéder au réexamen des cas de divergence de point de vue ;
- d'instruire les recours qui lui sont soumis par le ministre délégué ;
- de faire des propositions finales d'attribution ou de règlements à l'issue de l'examen des dossiers dont il est saisi.

Les recours administratifs ne concernent pas seulement la phase de la passation du contrat public. On les retrouve également dans la phase de l'exécution dudit contrat.

§2- LES RECOURS ADMINISTRATIFS EN PHASE D'EXÉCUTION DU CONTRAT PUBLIC : LE RECOURS GRACIEUX PRÉALABLE.

S'il existe un fondement juridique du recours gracieux préalable dans le contentieux administratif (A), ce recours s'effectue dans un contexte particulier en matière de contentieux des contrats publics.

A/ LE FONDEMENT JURIDIQUE DU RECOURS GRACIEUX PRÉALABLE

Ce fondement s'illustre dans le principe et dans la finalité de ce recours.

1- Le principe du recours gracieux préalable

Ce principe est énoncé par l'article 17 de la loi n°2006/022 du 29 Décembre 2006 fixant l'organisation et le fonctionnement des Tribunaux administratifs en ces termes :

« (1) Le recours devant le Tribunal administratif n'est recevable qu'après rejet d'un recours gracieux adressé à l'autorité auteur de l'acte attaqué ou à celle statutairement habilitée à représenter la collectivité publique ou l'établissement public en cause ;

« (2) Constitue un rejet du recours gracieux, le silence gardé par l'autorité pendant un délai de trois (03) mois sur une demande ou réclamation qui lui est adressée ; ce délai court à compter de la notification du recours gracieux ;

« (3) Le recours gracieux doit, sous peine de forclusion, être formé :

« (a) dans les trois (03) mois de publication ou de notification de la décision attaquée ;

« (b) en cas de demande d'indemnisation dans les six (06) mois suivant la réalisation du dommage ou sa connaissance.

« (c) en cas d'abstention d'une autorité ayant compétence liée, dans les quatre (04) ans à partir de la date à laquelle ladite autorité était défaillante ».

2- La finalité du recours gracieux préalable

Au regard de l'article 17 ci-dessus exposé, le recours gracieux est la phase préalable au déclenchement d'une action en justice contre l'administration. Il s'agit d'un acte de procédure qui constitue un prérequis à l'accès à la juridiction administrative. Il a pour finalité d'inviter l'administration « selon le cas, soit à retirer l'acte administratif contesté, soit à réparer le préjudice que son action ou son inaction a pu causer aux tiers »[77]. Ce préalable peut alors bloquer ou au contraire déclencher la phase proprement contentieuse du contentieux administratif[78].

L'institution d'un recours administratif préalable obligatoire à la saisine du juge a pour effet de laisser à l'autorité compétente pour en connaître le soin d'arrêter définitivement la position de l'administration. Il s'en suit que la décision prise à la suite du recours se substitue nécessairement à la décision initiale et qu'elle est la seule susceptible d'être déférée au juge de la légalité[79]. Le recours juridictionnel qui suit la procédure précontentieuse obligatoire est limité aux conclusions et aux moyens qui ont fait l'objet de la réclamation. En d'autres termes, le requérant ne peut porter devant le Tribunal administratif compétent « que des chefs et les motifs de réclamation énoncés dans la lettre ou le mémoire remis à la personne responsable du marché »[80], sauf s'il s'agissait d'un moyen d'ordre public. Le recours administratif doit donc être

---

[77]GUIMDO DONGMO (B-R), « Le droit d'accès à la justice administrative au Cameroun. Contribution à l'étude d'un droit fondamental » RRJ, n°XXXIII-121,2008-1, P. 469

[78]KAMTO (M), « La fonction administrative contentieuse de la Cour Suprême du Cameroun » in *les Cours Suprêmes en Afrique*, T1, sous la direction de CONAC (G) et de DUBOIS De GAUDUSSON (J), Paris, Economica, 1988, P. 42.

[79] GAUDEMET (Y), « Le précontentieux : le règlement non juridictionnel des conflits dans les marchés publics ». Op. Cit., P. 84.

[80] CE, 26 février, 1960, n°s 41. 391 et 41.392, Société Générale d'Installation Electrique, Rec., CE, 1960, P. 155

rédigé avec soin, car son contenu « lie » la requête contentieuse.

B/ LE CONTEXTE DU RECOURS GRACIEUX PRÉALABLE EN MATIÈRE DE CONTENTIEUX DES CONTRATS PUBLICS

L'analyse de la jurisprudence administrative camerounaise en matière de contentieux des contrats publics met en exergue un contexte de recours gracieux préalable dominé par la résiliation du contrat de marché public ou du contrat de partenariat, et la recherche de l'autorité auteur de l'acte attaqué ou à celle statutairement habilitée à représenter la collectivité publique ou l'établissement public en cause[81].

1- La liaison entre la résiliation du contrat, le recours en indemnisation et le recours gracieux préalable

Qu'il s'agisse des contrats publics visés par le Code des Marchés Publics ou des contrats de partenariat, il est prévu des cas de résiliation lorsque le cocontractant de l'administration ne se conforme pas aux stipulations du marché ou aux ordres de service s'y rapportant suivant le cas[82]. Le Maître d'Ouvrage ou le Maître d'Ouvrage délégué peut également, en cas de force majeure et après avis de l'autorité des marchés publics, prononcer la résiliation d'un marché en l'absence de toute

---

[81] Cf. TA-Ydé, Jugement n° 96/2015 du 21 Juillet 2015. SCIMPEX Afrique Sarl C/ État du Cameroun ; TA-Ydé, jugement n° 121/2015 du 15 Septembre 2015. NGO NGUEN Rachel C/ État du Cameroun (MINAS) ; TA-Ydé, Jugement n° 218/2015 du 8 Décembre 2015. Société Anonyme TELESAT C/ État du Cameroun (MINAT) ; TA-Ydé, Jugement n° 010/2016 du 5 Janvier 2016. Ets LA ROCHE C/ État du Cameroun (MINFOF) ; TA-Ydé, Jugement n° 16/2015 du 3 Mars 2015. TOUDJANI ALIFA C/ État du Cameroun (MINPOST).

[82] Cf. Art. 100 du Code des Marchés.

responsabilité du cocontractant de l'administration sans préjudice des indemnités auxquelles ce dernier peut prétendre[83]. Le régime général des contrats de partenariat prévoit que le contrat de partenariat peut être réalisé par la personne publique concédante, soit pour faute grave du co-contractant, soit pour des motifs d'intérêt général. Dans ce dernier cas, une indemnité couvrant les charges d'investissement est versée au cocontractant[84].

Dans tous les cas de rupture des contrats publics et lorsque, du fait de la rupture, le cocontractant estime avoir subi un préjudice, il est en droit d'intenter formellement un recours contentieux en indemnisation contre la personne publique ou le Maître Ouvrage auteur de la rupture du contrat. En application de l'article 17 de la loi n° 2006/022 du 29 Décembre 2006 fixant l'organisation et le fonctionnement des Tribunaux administratifs, le recourant doit adresser un recours gracieux préalable à l'autorité auteur de la rupture du contrat. Comme dans tous les recours gracieux préalables, il se pose en matière contractuelle des difficultés relatives soit à l'autorité adressataire du recours, soit au respect des délais prescrits.

2- L'identification de l'autorité adressataire du recours

Il ressort de la jurisprudence constante du juge administratif que chaque fois qu'un recours gracieux est adressé à une autorité incompétente, le recours contentieux est irrecevable pour défaut de recours gracieux[85]. À cet

[83] Ibid. Art 101.

[84] Décret n° 2008/0115/PM du 24 janvier 2008 portant régime général des contrats de partenariat. Art. 39.

[85] TA-Ydé, Jugement n° 96/2015 du 21 juillet 2015. SCIMPEX Afrique Sarl C/ État du Cameroun (MINDCAF) ; TA-Ydé, Jugement n° 218/2015 du 08 décembre 2015. Société Anonyme TELESAT C/ État du Cameroun (MINAT).

égard, il semble utile de rappeler une des conditions de saisine du tribunal administratif : « Le recours devant le Tribunal administratif n'est recevable qu'après le rejet d'un recours gracieux adressé à l'autorité auteur de l'acte attaqué ou à celle statutairement habilitée à représenter la collectivité publique et l'établissement en cause »[86].

En matière de contentieux contractuel, la spécificité pourrait résider autour de la personne publique contractante ou l'autorité contractante. On vise alors, pour adresser le recours gracieux, l'autorité qui a procédé à la signature du contrat.

Plusieurs hypothèses peuvent être évoquées :

- L'Etat en tant que collectivité publique : le ministre en charge des Marchés Publics, les ministres, les Chefs des missions diplomatiques ;
- Les collectivités territoriales décentralisées : les exécutifs communaux ou régionaux ;
- Les établissements publics : les Directeurs généraux ;
- Les Sociétés d'Économies mixtes : les Directeurs généraux.

3- Le respect des délais

L'affaire Ets La Roche C/ État du Cameroun[87] est la parfaite illustration des difficultés rencontrées par les recourants en matière de respect des délais dans les recours gracieux préalables au sujet d'un recours en

---

[86] Art. 17(1). Loi n° 2006/022 du 29 Décembre 2006 fixant l'organisation et le fonctionnement des tribunaux administratifs.

[87] TA-Ydé, jugement n° 010/2016 du 5 Janvier 2016. Sur la question des délais devant le juge administratif, voir, EVEILLARD GWELTAZ, « Le délai pour agir devant le juge administratif », Droit administratif n° 12, Décembre 2016. Comm. 63, PP. 1-12.

indemnisation. Le non-respect des délais est une cause d'irrecevabilité du recours. L'article 17 de la loi n° 2006/022 du 29 Décembre 2006 fixant l'organisation et le fonctionnement des Tribunaux administratifs en ses alinéas 2 et 3 encadre les délais dans les conditions de saisine du juge administratif autour de deux (02) centres d'intérêt :

- Constitue un rejet du recours gracieux, le silence gardé par l'autorité pendant un délai de trois (03) mois sur une demande ou réclamation qui lui est adressée. Ce délai court à compter de la notification du recours gracieux ;
- Le recours gracieux doit, sous peine de forclusion, être formé :
  - Dans les trois (03) mois de publication ou de notification de la décision attaquée ;
  - En cas de demande d'indemnisation dans les six (06) mois suivant la réalisation du dommage ou sa connaissance ;
  - En cas d'abstention d'une autorité ayant compétence liée dans les quatre (04) ans, à partir de la date à laquelle ladite autorité était défaillante.

En matière de contentieux contractuel, les cahiers des clauses administratives générales et particulières, les lettres-commande ainsi que les cahiers de charges contiennent des délais de procédure susceptibles d'être exploités dans la formulation d'un recours gracieux.

SECTION II : LES MODES DE RÈGLEMENT AUX SOLUTIONS OBLIGATOIRES

Les modes de règlement des litiges aux solutions obligatoires existent en droit administratif[88]. La conciliation, la transaction et l'arbitrage sont convoqués en matière administrative pour régler autrement les conflits[89]. Le conflit opposant une personne publique à un particulier, voire deux (02) personnes publiques entre elles, peut se résoudre par la conclusion d'un accord. De leur propre initiative ou grâce à l'invention d'un tiers, les intéressés mettent fin, de façon conventionnelle, au différend qui les oppose. On parle de conciliation lorsque les protagonistes parviennent d'eux-mêmes à trouver un terrain d'entente, et de médiation lorsque leur rapprochement a été rendu possible par l'intervention d'un tiers (appelé médiateur). L'accord des parties sera formalisé par un instrument juridique appelé transaction.

---

[88] CAEN (A-L), « Les modes alternatifs de règlement des litiges en droit administratif ». RIDC, 1997, Vol. 49, n° 2, PP. 421-425. Voir aussi PLESSIX (B), « Les modes alternatifs de règlement des litiges entre personnes publiques ». Droit Administratif n° 8-9, août 2017, 13 ; DIDRICHE (O), « Modes alternatifs de règlement des différends dans les collectivités ». AJ Collectivités territoriales 2017, P. 420.

[89] Conseil d'État. Régler autrement les conflits : conciliation, transaction, arbitrage en matière administrative. La Documentation française, 1993 ; RICHER (L), « Les modes alternatifs de règlement de litiges et le droit administratif », AJDA, 1997, n° 1, P. 3 ; Voir aussi TARON (D) et GRESY (J) « La médiation administrative : panorama des récentes évolutions ». Les Petites Affiches, 25 Août 2017, n° 169-170, P. 6 ; GOUTAL (Y), « Médiation : une réforme au pied d'argile ». AJ Collectivités Territoriales 2017, P. 427 ; LINGIBE (P), « La médiation en droit public – Trois questions à Patrick LINGIBE » AJ Collectivités Territoriales 2017, P. 431 ; Le GARS (J-M), « Justice administrative et médiation ». AJ Contrat 2017, P. 370 ; SIRINELLI (J), « Le juge administratif et la nouvelle procédure de médiation. À propos du décret n° 2017-566 du 18 Avril 2017 ». La Semaine Juridique Edition Générale n° 19-20, 8 Mai 2017, P.520

Les parties peuvent également choisir de confier leur différend à un arbitre ou à un Tribunal arbitral, le pouvoir de dire le droit. Le choix de recourir à l'arbitrage résulte toujours d'une volonté des parties prévue par voie conventionnelle a priori ou a posteriori : soit les parties à un contrat insèrent dans celui-ci une « clause compromissoire » (elle prévoit que si un litige vient à les opposer relativement à l'exécution de ce contrat, un arbitre en assurera le règlement), soit les personnes en litige concluent un « compromis d'arbitrage » (le recours à l'arbitrage est décidé après la survenance d'un différend).

Au Cameroun, ces modes alternatifs de règlement de litige visent, notamment à garantir la sécurité juridique des activités économiques, à favoriser l'essor de celles-ci et à encourager l'investissement. Il s'agit de protéger les différents acteurs de l'économie tout en permettant à l'État de se munir des ressources nécessaires lui permettant de jouer le rôle de régulateur par le biais des procédures simplifiées, humanisées, permettant aux parties en litige d'y mettre fin rapidement. La transaction et l'arbitrage sont alors considérés comme les procédures les plus utilisées.

§1- LA TRANSACTION

Dans l'exécution des contrats publics, la transaction peut intervenir suite aux demandes d'indemnisation adressées au Maître d'Ouvrage ou au Maître d'Ouvrage délégué en cas de résiliation d'un marché en l'absence de toute responsabilité du cocontractant de l'administration[90]. La transaction peut également intervenir en matière d'intérêts moratoires imputables au Maître d'Ouvrage ou au Comptable assignataire pour défaut de paiement dans

[90] Code des Marchés Publics. Art. 101.

les délais[91]. Les parties y ont aussi recours dans le calcul des pénalités de retard lorsque, en cas de dépassement des délais contractuels fixés par le marché, l'entrepreneur est passible de pénalité après mise en demeure préalable au montant fixé par le cahier des clauses administratives particulières.

Le recours fréquent à la transaction permet d'abord de saisir les détails de la faculté de recourir à la transaction (A), ensuite, de cerner les contours de la transaction (B) et enfin de décliner les effets de la transaction (C).

A/ LES DÉTAILS DE LA FACULTÉ DE RECOURIR A LA TRANSACTION

Ces détails mettent en lumière la notion, le champ d'application et la nature juridique de la transaction.

1- La notion de transaction

Au terme de l'article 2044 du Code Civil, la transaction est « un contrat par lequel les parties terminent une contestation née ou préviennent une contestation à naître ».

La transaction présente de nombreux avantages en droit public : elle facilite un règlement rapide des litiges ; elle favorise une gestion économe des deniers publics qui permet d'éviter de lourds intérêts moratoires ; elle en allège la charge de travail des juridictions[92]. La transaction

---

[91] Arrêté n° 033/CAB/PM du 13 février 2007 portant cahier des clauses administratives générales applicables aux marchés publics de travaux de fourniture, de service et de prestation intellectuelle. Arts. 31 et 32.

[92] Cf. AUBY (J.M), « La transaction en matière administrative » AJDA, 1956, P. 1 ; CHAVRIER (G), « Réflexions sur la transaction administrative », RFDA, 2000, PP. 548-566 ; YAZI-ROMAN (M), « Transaction : la question des concessions réciproques », AJ Collectivités Territoriales 2017, P. 432 ; Le CHATELIER (G),

peut aussi bien intervenir pour mettre fin à une procédure en cours que pour éviter les suites d'un litige naissant. Elle implique que chacune des parties puisse faire valoir à l'égard de l'autre une prétention, c'est-à-dire, qu'elle soit engagée dans un rapport d'obligation réciproque qui permet de faire des concessions formalisées dans un acte écrit et signé qui mettra fin au litige.

Dans tous les cas de recours à la transaction, l'on apprécie généralement la discrétion garantie par ces négociations secrètes permettant de parvenir à un accord privé[93].

2- Le champ d'application de la transaction

Matériellement, la transaction se conçoit dans toutes les matières qui peuvent donner lieu à un contrat de la part d'une collectivité publique, sauf celles prohibées par l'ordre public[94]. L'État ou une collectivité territoriale décentralisée ne peut transiger :

- Sur l'une de ses compétences légales ou réglementaires, pour accorder une autorisation ou compenser financièrement le maintien d'un acte illégal ;
- Sur l'exercice d'une sanction administrative ou pénale. Il n'en va différemment que si une disposition législative expresse autorise le recours à une telle transaction ;
- En transigeant, une des parties contractantes ne doit pas être condamnée à payer une personne qu'elle ne doit pas; que cette personne soit une

« Liberté de transiger et respect des règles de la commande publique ». AJ Collectivités Territoriales 2017, P. 435.

[93] VINCI (N), Guide de la transaction en droit administratif. Territorial éditions. 2012, 60 P.

[94] CE, 23 avril 2001, n° 215 552. Inédit au Recueil Lebon.

personne publique[95] ou une personne privée[96], et de façon plus générale, la transaction ne doit pas constituer de la part de la collectivité publique envers l'autre partie une libéralité[97].

- Le temps de la transaction peut intervenir à tout moment. Dans le cas des litiges pouvant survenir en matière contractuelle, la transaction vise les différends liés à l'exécution des contrats, ou ceux nés de l'application des garanties post-contractuelles ou au règlement des conséquences qu'il convient de tirer de l'annulation d'un contrat public. Dans ce contexte, comme le contrat est censé n'avoir jamais existé, le cocontractant doit en principe, au terme de la transaction qu'il faut conclure pour tirer les conséquences de cette annulation, rembourser les sommes qui lui ont été versées et, en contrepartie, l'administration doit lui régler une indemnité dont le montant sera déterminé sur la base du montant des dépenses utiles exposées par le cocontractant au profit de la personne publique, éventuellement augmenté dans la limite du prix prévu au contrat, d'une somme correspondant à la réparation du préjudice subi du fait de la faute constituée par l'illégalité entachant le contrat (responsabilité pour faute), en tenant compte, le cas échéant, de la privation du bénéfice que le cocontractant escomptait de l'exécution du

[95] CE, 19 mars 1971, n° 79 972. Mergui. Rec. CE, 1971, P. 235.
[96] CE, 19 mars 1978, n° 95331, SA. Entreprise Rénaudin, Rec., CE 1978, P. 140.
[97] CE, Avis, 6 décembre 2002, n° 249153, Syndicat intercommunal des établissements du second cycle du second degré du district de l'Haïj-les-Roses. Rec. CE 2002, P. 433.

contrat[98]. Ainsi, peut faire l'objet d'une transaction :

- Le montant des intérêts moratoires à verser au cocontractant de l'administration ;
- La réparation du préjudice financier subi par des entreprises auxquelles l'administration a demandé de réaliser des travaux supplémentaires sans être payé avant la passation d'un avenant.

3- La nature juridique de la transaction

Dès lors que le litige auquel elle met fin donne lieu ou aurait pu donner lieu à une autre action relevant de la compétence du juge administratif, la transaction revêt un caractère de droit public. Tel est le cas lorsqu'elle règle un différend relatif à l'exécution d'un contrat administratif. La transaction est-elle un contrat administratif ? En France, le tribunal des conflits a tranché la question de la compétence juridictionnelle dans un litige vieux de plusieurs années et qui semble quelque peu perdu dans les méandres de la dualité de juridiction en affirmant que « la transaction est un contrat administratif lorsqu'elle met en œuvre les prérogatives de puissance publique ou aboutit à la participation à une mission de service public ou lorsqu'elle règle un différend qui relève principalement de la compétence du juge administratif »[99].

B/ LA FORMATION DE LA TRANSACTION

La formation de la transaction met en exergue deux séries de problématique : les formalités et les autorisations

---

[98] CE, 8 décembre 1995, n° 144029, Commune de Saint-Tropez. Rec., 8 Décembre 1995, P. 431, AJDA 1996, P. 448, note Haïm.

[99] T. Conft, 18 juin 2007, n° 3600, Société Briançon Bus et Brunet : Juris-Data, n° 2007-336775

préalables d'une part et d'autre part l'homologation par le juge compétent.

1- Les formalités et autorisations préalables

Comme toute convention, la transaction doit obéir aux règles de formation et de validité des contrats publics (compétence de l'autorité signataire, formalités, autorisations et approbations nécessaires, validité du consentement)[100]. Signée par une autorité administrative incompétente, la transaction est nulle et il s'agit d'une nullité d'ordre public[101]. En revanche, si la transaction est en principe écrite, le juge administratif n'est pas guère exigeant sur la forme apparente ou sur l'absence de certaines signatures ou mentions et préfère faire prévaloir la commune intention des parties[102]. À cet égard, le juge administratif est très attentif, en particulier pour les collectivités territoriales décentralisées, au respect des autorisations des assemblées délibérantes et à la signature de la transaction. Par exemple « lorsqu'il entend autoriser le Maire à conclure une transaction, le Conseil municipal doit, sauf à méconnaître l'étendue de sa compétence, se prononcer sur tous les éléments essentiels du contrat à intervenir, au nombre desquels figure notamment la contestation précise que la transaction a pour objet de prévenir ou de terminer les concessions réciproques que les parties se consentent à cette fin »[103].

En outre, pour être exécutoires, ces délibérations doivent être transmises au Représentant de l'État,

---

[100] BIAKAN (J), « L'obligation dans le processus de formation des contrats publics ». In *l'obligation. Études offertes au Pr Paul-Gérard POUGOUE*, Harmattan Cameroun, 2015, PP. 138-146

[101] CE, 5 janvier 1966, n° 58623, Hawezack, Rec. 1966, P. 6.

[102] CE, 11 janvier 1961, n° 43735, Gugenbeim, Rec. CE 1961, P. 1101

[103] CE, 11 septembre 2006, n° 255273, Commune de Théoule-sur-Mer, AJDA 2006, P. 2125.

accompagnées de la transaction. Faute d'une telle transmission, la convention de transaction est illégale[104].

2- L'homologation par le juge compétent

La transaction relève de la compétence du juge qui aurait été compétent pour statuer sur le litige au fond si un tribunal avait été saisi. Ainsi, en application de l'article 3(c) de la loi n° 2006/022 du 29 Décembre 2006 fixant l'organisation et le fonctionnement des Tribunaux administratifs, les transactions relatives au contrat public sont de la compétence du juge administratif.

Les parties peuvent obtenir une validation juridictionnelle de la transaction par le juge administratif, mais cette démarche doit rester exceptionnelle puisque la transaction constitue en elle-même un titre exécutoire. La demande d'homologation n'est pas soumise aux procédures donc l'accomplissement serait nécessaire avant que le juge puisse être saisi de conclusions tendant au règlement du litige que la transaction prévient ou éteint.

Quand le juge administratif est saisi d'une demande d'homologation, il vérifie « que les parties consentent effectivement à la transaction, que l'objet de cette transaction est licite, qu'elle ne constitue pas de la part de la collectivité publique intéressée une libéralité et qu'elle ne méconnaît pas d'autres règles d'ordre public »[105]. Ces conditions de validité de la transaction sont également contrôlées lorsque le juge est saisi d'un recours dirigé contre la délibération autorisant la collectivité à conclure le contrat public[106].

---

[104] CE, 10 juin 1996, n° 176873, 176874 et 176875, Préfet de Côte-d'Or, Rec., CE 1996, P. 198.

[105]Avis du Conseil d'État en Assemblée du contentieux n° 249153 du 6 décembre 2012.

[106] CE, 9 juillet 2015, Football club des girondins de Bordeaux et autres, n° 375 542.

La décision ou le refus d'homologation est revêtu(e) de l'autorité relative de la chose jugée, il peut faire l'objet d'un appel devant la Chambre administrative de la Cour Suprême dans les délais prévus.

C/ LES EFFETS DE LA TRANSACTION

Les effets de la transaction sont appréciables à trois (03) niveaux : par rapport au différend réglé, par rapport aux parties à la transaction et l'effet extinctif de l'action contentieuse.

L'article 2048 du Code Civil précise que : « Les transactions se renferment dans leur objet : la renonciation qui y est faite à tous droits, actions et prétentions, ne s'entend que de ce qui est relatif au différend qui y a donné lieu ».

Relativement aux parties, l'article 2051 du Code Civil indique que « La transaction faite par l'un des intéressés ne lie point les autres intéressés et ne peut être opposée par eux ».

Du point de vue de l'action contentieuse, l'administration est juridiquement engagée dès qu'elle adresse à la partie adverse une proposition écrite de transaction. Elle ne peut plus, après cet envoi, modifier son offre sauf si celle-ci est modifiée, et ce, même en cas d'erreur matérielle. « Les transactions ont, entre les parties, l'autorité de la chose jugée en dernier ressort »[107]. Un recours ultérieur devant les Tribunaux concernant le même litige serait irrecevable. C'est l'effet majeur de ce mode de règlement non juridictionnel des litiges, et certainement celui qui rend cette technique-là plus intéressante : une transaction rend irrecevable un recours contentieux sur le même objet et rend sans objet un

[107] Art. 2052 du Code Civil.

recours déjà engagé, et le juge doit alors décider un non-lieu à statuer.

Enfin, le protocole transactionnel donne lieu à exécution. La personne publique doit exécuter de bonne foi les transactions qu'elle a conclues. Certaines d'entre elles peuvent, au demeurant, prévoir une date au-delà de laquelle, faute de paiement, la convention peut être caduque ou une date au-delà de laquelle des intérêts moratoires sont dus. Sauf stipulation contraire, le taux d'intérêt est celui de l'intérêt légal précisé chaque année par les textes.

Les Comptables publics ne sont fondés à refuser d'effectuer des opérations ou d'exécuter les paiements prévus par les transactions lorsque les pièces justificatives n'ont pas été produites par l'ordonnateur ou pour l'un des motifs énumérés par le règlement général de la comptabilité publique (absence de qualité de l'ordonnateur ou de son Délégué, indisponibilité des crédits, inexactitude de l'imputation budgétaire de la dépense, absence de validité de la créance ou absence de caractère libératoire du paiement). Les comptables publics doivent s'assurer de la cohérence des pièces justificatives produites[108].

§2- L'ARBITRAGE

L'arbitrage est une justice privée. Elle consiste à confier à un arbitre ou à un tribunal arbitral le pouvoir de dire le droit. L'arbitrage est « l'institution par laquelle un tiers règle le différend qui oppose deux ou plusieurs parties en exerçant la mission juridictionnelle qui lui a été confiée par celles-ci »[109].

---

[108] Directive n° 02/08/UEAC-190-CM-17 portant règlement général de la comptabilité publique. Article 102.

[109] JARROSSON (Ch.), La notion d'arbitrage. LGDJ, 1987, P. 372.

Le choix de recourir à l'arbitrage résulte toujours d'une volonté des parties. Il est prévu par voie conventionnelle soit a priori, c'est-à-dire que les parties à un contrat insèrent dans celui-ci une « clause compromissoire » qui prévoit que si un litige vient à les opposer relativement à l'exécution de ce contrat, un arbitre en assurera le règlement soit a posteriori lorsque les personnes en litige concluent un « compromis d'arbitrage », ce qui signifie que le recours à l'arbitrage est décidé après la survenance du différend.

Ainsi défini, ce mode de règlement est prévu à l'article 49 de la convention de concession de l'activité ferroviaire au Cameroun entre la République du Cameroun et la société concessionnaire Camrail du 19 Janvier 1999. Il est également présent à l'article 5.3 de la convention de concession de la téléphonie cellulaire entre la République du Cameroun et la Société Camerounaise de Mobiles du 16 Janvier 2000.

La référence à la République du Cameroun, personne publique, permet de mettre en exergue le principe d'interdiction du recours à l'arbitrage des personnes publiques ainsi que les dérogations admises (A). Mais l'actualité du droit applicable au Cameroun en matière d'arbitrage s'enracine profondément dans les sources du droit (B) et dans ce contexte, la question du contentieux de l'arbitrage est inévitable.

A/ LE PRINCIPE DE L'INTERDICTION DE L'ARBITRAGE AUX PERSONNES PUBLIQUES ET SES DÉROGATIONS

On distingue d'une part le principe et d'autre part les dérogations.

1- Le principe

Le recours à l'arbitrage est un principe interdit aux personnes publiques. En France par exemple, cette interdiction est considérée comme faisant partie « des principes généraux de droit public français »[110]. La prohibition de rang législatif trouve son origine à l'article 2060 du Code Civil en ses termes « On ne peut compromettre {…} sur les contestations intéressant les collectivités publiques et les établissements publics {…} ».

L'interdiction s'explique par deux (02) séries de considérations. D'une part, il est habituellement considéré que les personnes publiques pourraient ne pas être aussi bien comprises par un juge privé. D'autre part, on estime que la justice étatique offre davantage de garantie pour soumettre l'administration au respect du droit.

2- Les dérogations

Le principe de l'interdiction de l'arbitrage en droit public connaît des dérogations[111]. Ces dérogations peuvent être ouvertes par les lois et les conventions internationales. D'un côté, les personnes publiques peuvent recourir à l'arbitrage pour leurs contrats internationaux de droit privé comme de droit public. Ainsi, le principe de prohibition de l'arbitrage pour les personnes publiques ne s'applique pas au règlement des litiges relatifs à des contrats commerciaux internationaux de droit privé conclus avec les sociétés étrangères[112]. D'un autre côté, les personnes publiques peuvent recourir à l'arbitrage dans les contentieux purement internes. En France, ces dérogations sont rassemblées à l'article L311-6 du code de justice administrative qui prévoit huit (08) cas dans lesquels le recours à l'arbitrage est autorisé et les plus importants

---

[110] CE, Avis 6 mars 1998, EDCE 1987, n° 38, P. 178.

[111] JARROSSON (Ch), « L'arbitrage en droit public », AJDA, 1997, P. 16 ; ANTOINE (J), « L'arbitrage en droit administratif », LPA. 6 Août 2003, P.4. Voir aussi GIBERT (B) et MEDARD (P), « La résolution des conflits : les procédures amiables et l'arbitrage ». Revue de Droit Fiscal n° 39, 28 Septembre 2017, P. 473.

[112] Civ, 2 Mai 1966, Trésor Public C/ Galakis, Bull. Civ, 1, n° 256.

concernent les contrats de partenariat et les marchés publics. En 2007, le rapport LABETOUILLE a préconisé une plus large ouverture de l'arbitrage dans le sens contractuel[113].

B/ LES SOURCES DU DROIT DE L'ARBITRAGE

Il convient de distinguer les sources OHADA des autres sources du droit de l'arbitrage.

1- Les sources OHADA

Elles sont constituées de certaines dispositions du Traité du 17 Octobre 1993 portant création de l'OHADA, de l'Acte Uniforme sur le droit de l'arbitrage et du règlement d'arbitrage de la Cour Commune de Justice et d'Arbitrage, tous deux en date du 11 Mars 1999.

a) Le Traité : deux (02) dispositions de portées différentes sont à prendre en considération :

- L'article 2 du Traité inclut le droit de l'arbitrage dans les matières qui relèvent du domaine des droits des affaires ;
- Le titre IV[114] du Traité est consacré à l'arbitrage. Ces règles constituent le fondement de l'arbitrage organisé au sein de la CCJA.

b) L'acte uniforme sur le droit de l'arbitrage : il instaure la législation commune des États membres de l'OHADA en matière d'arbitrage. Au terme de son article 1er, l'AU/DA a vocation à s'appliquer à tout arbitrage, ad hoc ou institutionnel, donc « le siège du Tribunal arbitral se trouve dans l'un des États-parties ». Cette disposition très générale

113 Rapport du groupe de travail sur l'arbitrage, Paris, La documentation française, 2007, 22 P.
114 Arts. 21 et 26.

concerne aussi bien les arbitrages commerciaux que civils, internes qu'internationaux.

c) L'arbitrage CCJA. Le règlement d'arbitrage et le règlement de procédure de la CCJA organisent l'arbitrage institutionnel mis en place au sein de la CCJA. Il ne s'applique qu'aux arbitrages portés devant le Centre d'arbitrage de la CCJA. Les litiges concernés doivent être de caractère contractuel d'une part, et d'autre part, ils doivent être nés d'un contrat principal ayant un lien avec un État-partie (lien d'exécution, domicile ou résidence de l'une des parties). L'arbitrage CCJA paraît être un prolongement de la justice étatique des États membres.

2- Les autres sources

Il s'agit principalement de certaines conventions internationales et des accords bilatéraux.

a) Les conventions internationales

Ce sont essentiellement, voir exclusivement, la convention de New-York et celle de Washington.

- La convention de New-York du 10 Juin 1958 sur la reconnaissance et l'exécution des sentences arbitrales étrangères à laquelle sont parties plusieurs États membres de l'OHADA. Le caractère étranger de la sentence peut résulter soit du fait qu'elle a été rendue dans un État autre que celui où la reconnaissance ou l'exécution sont recherchées, soit que la sentence soit considérée comme nationale bien que rendue dans les pays ou l'exécution est poursuivie.
- La convention de Washington du 18 Mars 1965 (portant création du CIRDI) et ayant pour objet

l'établissement d'un Centre Institutionnel d'Arbitrage spécifique aux litiges relatifs à des investissements entre États et personnes privées étrangères.

b) Les Accords de Coopérations Judiciaires (accords bilatéraux ou multilatéraux) entre les États qui consacrent un chapitre à la reconnaissance et l'exequatur des sentences arbitrales. Ces accords renvoient souvent, soit à la convention de New-York, soit aux dispositions conventionnelles relatives à la reconnaissance et à l'exequatur des jugements étrangers.

c) Le contentieux de l'arbitrage

La sentence que rendent les arbitres est une véritable décision de justice qui s'impose aux parties. La sentence à l'autorité de la chose jugée et son inexécution par la personne publique devrait pouvoir être sanctionnée par le recours à la loi.

La sentence est susceptible d'appel soit devant un autre tribunal d'appel, soit devant la Chambre administrative qui exerce alors comme le Conseil d'État en France, un contrôle distancié, car selon ce qu'a jugé le tribunal des conflits, le contrôle d'une sentence rendue en matière d'arbitrage international relève des juridictions judiciaires sauf lorsqu'il est nécessaire de contrôler la conformité de la sentence aux règles impératives du droit public relatives à l'occupation du domaine public ou à la commande publique[115]. Par sa décision, le Conseil d'État confirme que le contrôle qu'il exerce sur une sentence rendue en matière d'arbitrage international est limité et ne porte que sur les éléments suivants :

– la possibilité de soumettre le litige à l'arbitrage ;

[115] CE, 9 novembre 2016, n° 388806, Société Fosmax LNG.

- certains éléments relatifs à la régularité de la procédure, à savoir le respect par le tribunal de sa compétence et de sa mission, sa correcte composition, le respect des principes d'indépendance et d'impartialité des juges, ainsi que le respect du caractère contradictoire de la procédure et de la motivation de la sentence ;

- s'agissant du contrôle sur la façon dont les arbitres ont réglé le litige, le Conseil d'État ne rejuge pas le litige comme le ferait une Cour d'Appel ; il s'assure simplement que la sentence rendue n'est pas contraire à l'ordre public, c'est-à-dire que le contrat n'était pas dès le départ entaché d'un vice ou d'une particulière gravité, notamment d'un vice de consentement, ou n'est pas contraire à une règle à laquelle les personnes publiques ne peuvent déroger. Ces règles sont notamment l'interdiction des libéralités, l'interdiction d'aliéner le domaine public, l'interdiction de renoncer à certaines prérogatives publiques ou les règles d'ordre public[116].

[116] BRENET (F), « Le contrôle du juge administratif sur les sentences arbitrales internationales », Droit administratif
n° 3, Mars 2017, Comm. 12. Voir aussi : ANCEL (J-P), « La nouvelle convention d'arbitrage dans le contrat administratif ». Cahiers de l'arbitrage, 1er Juin 2017, n° 1, P. 67 ; BIZARD (A) et QUIREC de KERSAUSSON « Le Conseil d'État bâtit sa jurisprudence en matière d'arbitrage ». Cahiers de l'arbitrage, 1er Juilet 2016, n° 2, P. 429 ; LE BOT (O), « La procédure devant le juge administratif en matière d'arbitrage : quel contrôle ? Quelle procédure ? ». Cahiers de l'arbitrage, 1er Juillet 2015, n° 2, P. 243.

DEUXIÈME PARTIE :

LES PRINCIPAUX RECOURS EN MATIÈRE DE CONTENTIEUX DES CONTRATS PUBLICS

CHAPITRE 1 : LE CONTENTIEUX DE LA PASSATION DES CONTRATS PUBLICS

Les procédures de passation des contrats publics peuvent être contestées devant le juge administratif. Le juge veille à l'exigence de protection des partenaires de l'administration et cette protection a un habillage juridique : **Le principe d'égalité.** Le partenaire doit pouvoir être mis à l'abri des excès de puissance administrative. Le principe d'égalité apparaît également dans le Code des Marchés Publics sous une autre forme, celle de l'égalité entre les candidats qui concerne l'accès au contrat public. La protection est alors doublement orientée : empêcher l'administration de traiter inégalement les candidats virtuels ou réels, mais aussi empêcher les candidats de fausser la concurrence égale.

Le juge contrôle les règles qui ont pour effet d'atténuer la concurrence ou de limiter l'égalité des concurrents ou d'accentuer l'inégalité entre l'administration et ses partenaires.

Dans ce contexte, on peut distinguer les recours liés à l'urgence (Section I) et le recours pour excès de pouvoir (Section II).

SECTION I : LES RECOURS LIÉS À L'URGENCE

En contentieux administratif camerounais, le législateur a prévu le « référé administratif » en ces termes « Dans les cas d'urgence, le Président du tribunal ou le Magistrat qu'il délègue peut, sur requête et si le demandeur justifie de l'introduction d'un recours gracieux, les parties convoquées et après conclusion du ministère public, ordonner, en référé, toutes mesures utiles sans faire préjudice au principal »[117]. Cette disposition concerne l'ensemble du contentieux administratif y compris « les litiges concernant les contrats… ou les concessions de service public »[118].

Sur cette base et en matière contractuelle, le juge du référé camerounais a quelques fois pris des ordonnances avant dire droit. Il a par exemple été ordonné le transport sur le lieu d'exécution du marché à l'effet de déterminer l'assiette du matériel qui n'est plus utile pour l'exécution dudit marché[119].

Mais le plus souvent, le juge des référés a été régulièrement saisi d'ordonner le sursis à exécution de certaines décisions qui seraient soit entachées d'excès de pouvoir[120], soit ayant fait l'objet d'un recours en annulation[121] ou ayant été annulées[122]. D'autres recours du sursis à exécution ont porté sur les décisions de résiliation[123] ou la suspension des effets d'une décision jusqu'à l'issue de la procédure de fond[124]. Le juge des référés a également été saisi pour fixer les prix

---

[117] Loi n° 2006/022/ du 29 décembre 2006 fixant l'organisation et le fonctionnement des tribunaux administratifs. Art. 27.

[118] Ibid. Art. 2. 3. C.

[119] Ordonnance n° 29/REF/ADD du 28 octobre 2016. Société Construccionnes GALDIANO SA C/ Caisse Autonome d'Amortissement.

[120] Recours n° 143 RG/2015 du 05 mars 2015. Société GULFIN S&T Co. SA

[121] Recours n° 088/RG/2015 du 13 février 2015. Société LMT GROUP AXESS C/ État du Cameroun (MINMAP).

[122] Recours n° 1574/RG/2014 du 03 novembre 2014. Société SILK ROAD SARL C/ État du Cameroun (MINMAP).

[123] Recours n° 2202/RG/2015 du 1er décembre 2015. Société d'Industrie Métallurgique des Bâtiments et des Travaux Publics (SIM-BTP SA) C/ État du Cameroun (MINMAP).

[124] Recours n° 0024/RG/2016 du 14 janvier 2016. GULFIN SA C/ État du Cameroun (MINMAP).

conformément aux prix pratiqués sur le marché et ordonner le paiement[125].

Toutes ces demandes de sursis à exécution ont généralement fait l'objet soit de rejet pour absence de justification, soit d'irrecevabilité parce que l'exécution de l'acte attaqué est totalement achevée et de manière irréversible. Il est même arrivé que le juge de référé se déclare incompétent s'agissant de la fixation du prix du marché qui est un élément de validité d'un marché public.

En réalité, le juge des référés camerounais n'a pas encore intégré, en matière de référé contractuel, les nouvelles procédures particulières appliquées au contentieux des contrats publics. Dans ce contexte et afin d'éclairer utilement le juge administratif camerounais, l'expérience française prise à titre significatif est riche et diversifiée à travers le référé précontractuel (§1) et le référé contractuel (§2).

§1- LE RÉFÉRÉ PRÉCONTRACTUEL

Ce recours s'apprécie par rapport à son objet et son champ d'application (A) d'une part, et d'autre part son régime ainsi que les pouvoirs du juge (B).

À/ L'OBJET ET LE CHAMP D'APPLICATION DU RÉFÈREPRÉCONTRACTUEL

1- L'objet

En France, le référé précontractuel a été créé par la Directive 89/665/CEE du 21 Décembre 1989 et introduit dans le droit français par la loi 92-10 du 04 Janvier 1992. Il est régi par les articles L551-1 à L551-12 et R551-1 à

---

[125] Recours n° 2059/RG/2015 du 25 septembre 2015. Groupe SESSANGOULA SA C/ État du Cameroun (MINADER).

R551-6 du code de justice administrative pour les contrats de droit public.

Ce recours a pour but de prévenir la passation d'un contrat qui méconnaîtrait les règles de publicité et de mise en concurrence applicables. Il permet aux candidats qui constatent un manquement à ces règles, d'obtenir du juge du référé qu'il prononce les mesures nécessaires pour y remédier avant la signature du contrat.

2- Le champ d'application

Le référé précontractuel vise certains contrats publics et les requérants sont bien identifiés ainsi que les délais de recours.

a) Les contrats concernés

Le juge du référé précontractuel est saisi de « contrats administratifs ayant pour objet l'exécution des travaux, la livraison de fournitures ou la prestation de services, avec une contrepartie économique constituée par un prix ou un droit d'exploitation, ou la délégation d'un service public »[126].

Entrent donc dans le champ du référé précontractuel :

- Les marchés, au sens du Code des Marchés Publics ;
- Les délégations de service public ;
- Les contrats de partenariat ;
- Les baux emphytéotiques ;
- Les concessions de travaux publics ;
- Les concessions domaniales, lorsqu'elles sont le support d'un des contrats administratifs entrant dans le champ du référé précontractuel[127].

---

[126] Art. L551-1, Alinéa 1er du code de justice administrative.
[127] CE, 11 décembre 2000, Mme Agofrov, n° 202971.

b) Les requérants

Qui peut saisir le juge du référé précontractuel ?

Les personnes habilitées à engager un référé précontractuel sont « celles qui ont un intérêt à conclure le contrat et qui sont susceptibles d'être lésées par le manquement »[128]aux obligations de publicité et de mise en concurrence. Le Préfet peut également intenter un tel recours pour l'exercice du contrôle de légalité, si le contrat est conclu par une collectivité territoriale[129].

Peuvent ainsi saisir le juge du référé précontractuel :

- Les candidats évincés, à tout stade de la procédure de passation ;
- Les candidats potentiels, que la violation des obligations de publicité et de mise en concurrence a dissuadés de soumissionner. La spécialité d'une société, c'est-à-dire l'adéquation entre ses activités et l'objet des prestations attendues, suffit à établir son intérêt à conclure un contrat sans qu'elle ait à justifier qu'elle a été empêchée d'être candidate[130].

L'entreprise déclarée attributaire d'un contrat n'est pas susceptible d'être lésée par les manquements aux obligations de publicité et de mise en concurrence applicables. Dépourvue d'intérêt à agir à l'encontre de la procédure de passation, elle ne peut exercer de référé précontractuel[131].

---

[128] CE, Sect. 3 octobre 2008, Syndicat mixte intercommunal de réalisation et de gestion pour l''élimination des ordures ménagères du secteur Est de la Sarthe (SMIRGEOMES), n° 305420.

[129] Au Cameroun, il s'agira des collectivités territoriales décentralisées, Cf. Loi n° 2004/17 du 22 juillet 2004 portant orientation de la décentralisation. Art. 70(1).

[130] CE, 8 août 2008, Région Bourgogne, n° 307143.

[131] CE, 23 décembre 2011, Département de la Guadeloupe, n° 350231.

c) Les délais de recours

Le juge du référé précontractuel peut être saisi jusqu'à la signature du contrat : si le juge est saisi après la conclusion du contrat, la requête est irrecevable. Si la signature du contrat intervient en cours d'instance, le recours perd son objet : le juge constate qu'il n'y a pas lieu de statuer sur la requête.

L'exercice du référé précontractuel suspend automatiquement la procédure de passation. Le contrat ne peut pas être signé à compter de la date de saisine du juge et jusqu'à la notification au pouvoir adjudicateur de la décision juridictionnelle. L'acheteur public, informé du dépôt d'un recours, doit respecter cette suspension.

Si l'acheteur public signe le contrat sans respecter la suspension imposée, le candidat évincé peut transformer son référé précontractuel en référé contractuel[132]. Toutefois, ce référé contractuel n'est recevable que si le requérant a respecté son obligation de notification à la personne publique, de son dépôt de son référé précontractuel[133], ou si le greffe du tribunal administratif a informé le pouvoir adjudicateur de l'existence d'un tel recours[134].

B/ LES RÉGIMES DU RÉFÉRÉ PRÉCONTRACTUEL ET LES POUVOIRS DU JUGE

1. Les régimes

Il s'agit du régime du référé précontractuel et du régime du contentieux.

---

[132] CE, 10 novembre 2010, France Agrimer, n° 340944.
[133] CE, 30 septembre 2011, Commune de Maizières-lès-Metz, n° 350148.
[134] CE, 1er mars 2012, Office Public de l'Habitat (OPAC) du Rhône, n° 355560.

a) Le régime du référé précontractuel

Le requérant ne peut invoquer que des moyens tirés des manquements de l'acheteur public à ses obligations de publicité et de mise en concurrence lors de la passation du contrat. Sont notamment concernés : la définition du contrat et des prestations attendues, toutes les obligations de publicité, l'information fournie aux candidats, le respect des documents de la consultation, notamment l'analyse des offres au regard des critères annoncés et les motifs de rejet…[135]

Encore faut-il que ces manquements « eu égard à leur portée et au stade de la procédure auxquels ils se rapportent, aient été susceptibles d'avoir lésé ou risquent de léser l'entreprise, fût-ce de façon indirecte en avantageant une entreprise concurrente »[136] ; le requérant doit apporter des éléments d'explication en ce sens[137]. Le choix de l'offre d'une entreprise irrégulièrement retenue est susceptible d'avoir lésé tout autre candidat, sauf s'il résulte de l'instruction que la candidature de ce dernier devrait elle-même être écartée ou que son offre ne pouvait qu'être éliminée comme inappropriée, irrégulière ou inacceptable[138]. Un candidat ayant présenté une offre irrégulière n'est pas susceptible d'avoir été lésé par un quelconque manquement, à moins que l'irrégularité de l'offre résulte du manquement que le candidat entend dénoncer[139].

---

[135] Voir aussi décret n° 2004/275 du 24 Septembre 2004 portant Code des Marchés Publics au Cameroun. Titre I « De la passation des marchés publics ».

[136] CE, Sect. 3 Octobre 2008, n° 305420, Op. Cit.

[137] CE, 4 février 2009, Communauté d'agglomération du bassin du Thau, n° 311949.

[138] CE, 11 avril 2012, Syndicat ODY 1218, Newline du Lloyd's de Londres, n° 354652.

[139] CE, 27 octobre 2011, Département du Bouches-Du-Rhône, n° 350935.

b) Le régime du contentieux

- Le juge du référé précontractuel ne peut pas statuer avant un délai minimum[140] :
- Seize (16) jours en procédure formalisée, à compter de la date d'envoi de l'information aux candidats évincés ;
- Onze (11) jours en procédure adaptée, à compter de la publication de l'avis d'intention de conclure le contrat (avis ex-ante volontaire).

Le juge statue dans un délai maximum de vingt (20) jours, à compter de sa saisine, mais le non-respect de ce délai n'entraîne pas son dessaisissement. En conséquence, la procédure d'instruction est rapide et les délais de communication des mémoires sont raccourcis. L'audience est en principe publique et les parties peuvent présenter des observations orales, voir y invoquer de nouveaux moyens. Il statue en premier et dernier ressort. Son ordonnance est susceptible d'un recours en cassation devant le Conseil d'État, dans les quinze (15) jours de la notification de la décision. Ce pourvoi n'a pas d'effet suspensif.

2. Les pouvoirs du juge

Les pouvoirs du juge du référé précontractuel sont ceux d'un juge du fond, pour assurer le respect des obligations de publicité et de mise en concurrence. Doté de prérogatives considérables, il peut ordonner à l'auteur du manquement de se conformer à ses obligations, suspendre et annuler l'exécution de toute décision qui se rapporte à la passation du contrat, supprimer les clauses ou prescriptions destinées à figurer dans le contrat. Pour les contrats passés par les entités adjudicatrices, le juge

[140] Art. R551-5 du code de justice administrative.

dispose de pouvoirs moins étendus : injonction, suspension, astreinte[141].

Le juge dispose de pouvoirs d'injonction et de suspension : il peut ordonner de recommencer toute la procédure ou de la reprendre là où le manquement est apparu, exiger la réintégration d'un candidat évincé ou imposer la communication des motifs de rejet. Ces pouvoirs peuvent être utilisés par le juge, « sauf s'il estime, en considération de l'ensemble des intérêts susceptibles d'être lésés et notamment de l'intérêt public, que les conséquences négatives de ces mesures pourraient l'emporter sur les avantages »[142]. À la demande du pouvoir adjudicateur, le juge est tenu d'effectuer le bilan coûts/avantages des injonctions qu'il est susceptible de prononcer.

Le choix entre ces sanctions ou mesures se fait « eu égard à la nature du vice entachant la procédure de passation des contrats litigieux »[143]. Un manquement concernant l'élaboration même des offres doit ainsi être sanctionné par l'annulation de l'ensemble de la procédure de passation[144], alors qu'un manquement se rapportant à la seule phase de sélection des offres ne peut entraîner qu'une annulation de la procédure, à compter de l'examen de ces offres[145].

---

[141] Art. L551-6 du code de justice administrative.

[142] Art. L551-2-I et L551-7 du code de justice administrative.

[143] CE, 20 octobre 2006, Commune d'Andeville, n° 289234.

[144] CE, 23 novembre 2011, Département des Bouches-du-Rhône, n° 350519.

[145] CE, 30 septembre 2011, Département de la Haute-Savoie C/ Société GTS, n° 350153.

§2- LE RÉFÉRÉ CONTRACTUEL

Le référé contractuel constitue en France un nouveau recours instauré par l'ordonnance du 07 Mai 2009 qui transpose la Directive 2007/66/CE du 11 Décembre 2007 relative à l'amélioration de l'efficacité des procédures de recours en matière de passation des marchés publics[146]. Ce recours ne se substitue, ni ne se confond avec le référé précontractuel des articles L551-1 à L551-12 du code de justice administrative. Le référé contractuel s'envisage dans la continuité du référé précontractuel. Comme le référé précontractuel, ce nouveau recours permet de remédier aux manquements et aux obligations de publicité et de mise en concurrence. Son analyse met en exergue les requérants et les contrats concernés d'une part, et d'autre part les pouvoirs du juge du référé contractuel.

À/ LES REQUÉRANTS ET LES CONTRATS CONCERNÉS

1. Les requérants

Au terme de l'article L551-14 du code de justice administrative français, les personnes habilitées à agir sont « celles qui ont intérêt à conclure le contrat et qui sont susceptibles d'être lésées par des manquements aux obligations de publicité et de mise en concurrence auxquelles sont soumis ces contrats ».

Référés précontractuel et contractuel ne peuvent se cumuler. Dans l'hypothèse où l'organisme adjudicateur, respectant une suspension, n'a pas signé un contrat et s'est

[146] Cf. BARDON (C), et SIMMONET (Y) : « Le référé contractuel. Premières prévisions jurisprudentielles », Dr. Adm.2010, PP. 22-24 ; CASSIA (P) : « Le référé contractuel : beaucoup de bruit pour presque rien », Mélanges RICHER, LGDJ, 2013, P. 561 ; REES (P), « premier bilan de la jurisprudence administrative en matière de référé contractuel », Ctts et MP, 2010, Etudes, 10.360.

conformé aux décisions rendues par le juge, le requérant ayant exercé un référé précontractuel n'est pas recevable à exercer un référé contractuel.

2. Les contrats concernés

L'article L551-13 du code de justice administrative précise que les contrats concernés par le référé contractuel sont les mêmes que ceux entrant dans le champ d'application du référé précontractuel. Ainsi, le référé précontractuel s'applique aux contrats publics conclus par un pouvoir adjudicateur ou par une entité adjudicatrice ayant pour objet l'exécution des travaux, la livraison de fournitures ou la prestation de service, avec une contrepartie économique constituée par un prix ou un droit d'exploitation, ou la délégation d'un service public. Ces contrats doivent en outre être soumis à publicité. Ainsi, un référé contractuel peut être introduit contre un marché public, un accord-cadre, une délégation de service public, un contrat de partenariat public-privé ou une concession d'aménagement.

Toutefois, sont exclus certains contrats au sujet desquels l'autorité adjudicatrice a manifesté sa volonté de procéder à une publicité plus importante que celle à laquelle elle était astreinte par les textes et a prévu un délai avant la signature :

- Ceux dont la passation n'est pas soumise à une obligation de publicité préalable lorsque l'autorité adjudicatrice a rendu publique son intention de le conclure et observé un délai de onze (11) jours après cette publication avant de le conclure ;
- Ceux soumis à une publicité préalable à laquelle ne s'applique pas l'obligation de communiquer la décision d'attribution aux candidats non retenus

lorsque l'autorité adjudicatrice a accompli cette même formalité ;

- Ceux fondés sur un accord-cadre ou un système d'acquisition dynamique lorsque l'autorité adjudicatrice a envoyé aux titulaires la décision d'attribution du contrat et observe un délai entre l'envoi et la conclusion du contrat.

Il est donc possible pour le pouvoir adjudicateur d'effectuer une publicité de « l'intention de conclure ».

B/ LES POUVOIRS DU JUGE

Ses pouvoirs sont larges et dépendent du degré de gravité de la violation des règles de publicité et de mise en concurrence auquel est assujetti le contrat qui fait objet du référé.

D'abord, il peut suspendre l'exécution du contrat contesté par la durée de l'instance « sauf s'il estime, en considération de l'ensemble des intérêts susceptibles d'être lésés, et notamment de l'intérêt que les conséquences négatives de cette mesure pourraient l'emporter sur les avantages ».

Ensuite, il peut prononcer la nullité du contrat dans trois (03) cas énumérés à l'article L551-18 du code de justice administrative :

- Quand aucune des mesures de publicité requises pour sa passation n'a été prise, lorsqu'a été omise une publication au journal officiel de l'Union Européenne quand elle est obligatoire ;
- Quand ont été enfreintes les modalités de mise en concurrence prévues pour la passation des contrats fondés sur un accord-cadre ou un système d'acquisition-dynamique.

Ainsi, comme le référé précontractuel, ne peuvent être invoqués que les manquements relatifs aux règles de publicité et de mise en concurrence. Encore faut-il que ces manquements, « eu égard à leur portée et au stade de la procédure auxquels ils se rapportent, aient été susceptibles d'avoir lésé ou risque de léser l'entreprise, fût-ce de façon indirecte en avantageant une entreprise concurrente »[147]. Cette limitation prône que le référé contractuel ne se substitue pas « au recours tropique » recevable après un référé précontractuel, quelle que soit l'illégalité relevée et sans qu'il soit nécessaire de démontrer que l'irrégularité en cause a personnellement lésé le requérant[148] :

- Quand le contrat a été signé avant l'expiration du délai exigé après l'envoi de la décision d'attribution aux opérateurs économiques ayant présenté une candidature ou une offre ou pendant la suspension provoquée par l'introduction d'un référé précontractuel si deux conditions sont réunies, à savoir la méconnaissance de ces obligations a privé le demandeur de son droit d'exercer le recours précontractuel et les obligations de publicité et de mise en concurrence auxquelles sa passation est soumise, ont été méconnues d'une manière affectant les chances de l'auteur du recours d'obtenir le contrat.

Toutefois, en vertu de l'article L551-19 du code de justice administrative dans ces trois (03) cas, le juge peut sanctionner le manquement soit par la résiliation du contrat, soit par la réduction de sa durée, soit par une pénalité financière imposée au pouvoir adjudicateur ou à

[147] CE, 3 octobre 2008, n° 305420 SMIRGEOMES, Op. Cit.
[148] CE, Ass. 16 juillet 2007, Société Tropic Travaux Signalisation, n° 291545, Rec., P. 360.

l'entité adjudicatrice, si le prononcé de la nullité du contrat se heurte à une raison impérieuse d'intérêt général.

Mais en vertu de l'article L551-20 du même code, quand le contrat a été signé avant l'expiration du délai exigé après l'envoi de la décision d'attribution aux opérateurs économiques ayant présenté une candidature ou une offre ou pendant la suspension provoquée par l'introduction d'un référé précontractuel, le juge peut prononcer la nullité du contrat, le résilier, en réduire la durée ou imposer une pénalité financière.

En vertu de l'article L551-21, les pouvoirs octroyés au juge du référé contractuel peuvent être exercés d'office par celui-ci, qui peut donc statuer « ultrapétita ». Mais dans ce cas, il doit respecter le principe du contradictoire en informant les parties et en les invitant à présenter leurs observations.

SECTION II : LE RECOURS POUR EXCÈS DE POUVOIR

Selon la célèbre expression de Laferrière, le recours pour excès de pouvoir « est un procès fait à un acte »[149]. Il s'agit également d'une action opposant deux (02) parties (l'administration et un administré), ce qui explique, notamment, l'exigence d'un intérêt à agir, l'interdiction faite au juge de statuer « ultrapétita » ou encore la possibilité de tierce opposition lorsque le requérant apporte un moyen nouveau de fait ou de droit[150]. Dans le cadre de ce recours, le requérant demande l'annulation d'un acte qu'il estime contraire aux normes juridiques qui

---

[149] Traité de la juridiction administrative et des recours, 2è éd. 1887, T.2, P. 560.

[150] CE, 29 novembre 1912, BOUSSUGE Rec., P. 1128, Cl. Blum.

lui sont supérieures. Le juge de l'excès de pouvoir apprécie la légalité de l'acte à la date de son édiction[151].

Dans le cadre du contentieux des contrats publics, le recours pour excès de pouvoir peut s'exercer soit contre les actes détachables du contrat (§1), soit contre les clauses réglementaires du contrat (§2).

§1- LE RECOURS POUR EXCÈS DE POUVOIR CONTRE LES ACTES DÉTACHABLES ANTÉRIEURS À LA CONCLUSION DU CONTRAT

L'étude de ce recours met en exergue la notion d'acte détachable du contrat (A), les conditions de recevabilité de ce recours (B) ainsi que les effets de l'annulation d'un acte détachable du contrat (C).

A/ LA NOTION D'ACTE DÉTACHABLE ANTÉRIEUR À LA CONCLUSION DU CONTRAT

Le contrat public est d'abord un contrat qui implique un accord entre les parties et d'où résultent des droits et des obligations[152]. La passation du contrat public obéit à la condition du consensualisme et à l'application des vices du consentement[153]. La notion d'acte détachable du contrat permet de considérer que ces actes peuvent être saisis séparément du contrat et bénéficier d'un régime propre, notamment la recevabilité du recours pour excès de

---

[151] CE, Sect., 22 juillet 1949, Société des Automobiles Berliet, Rec., P. 264.

[152] DE LAUBADERE (A), DELVOLVE (P), MODERNE (F), Traité des contrats administratifs, LGDJ, 1984, n°13.

[153] BIAKAN (J), « L'obligation dans le processus de formation des contrats publics » in *L'obligation. Études offertes au Pr. Paul – Gérard POUGOUE*, Harmattan Cameroun PP. 135-147.

pouvoir[154]. En France, le Conseil d'État a reconnu dans « l'arrêt Martin » l'existence d'actes unilatéraux « détachables » du contrat, et a admis qu'ils pouvaient faire l'objet d'un recours pour excès de pouvoir[155]. Est ainsi considéré comme acte détachable du contrat, tout acte antérieur à sa conclusion[156], et tout acte postérieur à sa conclusion concernant son exécution, sa modification ou sa résiliation.

Les juges estiment que différents actes unilatéraux se détachent du contrat lorsque leur existence ne repose pas sur un accord de volonté entre les parties, mais sur l'intervention unilatérale de l'administration. Cette solution s'est longtemps appliquée aux actes détachables préalables à la conclusion du contrat, c'est-à-dire, ceux qui autorisent ou refusent d'autoriser la conclusion d'un contrat, ou encore qui portent approbation d'un contrat[157]. Cette solution n'est toutefois plus d'actualité, le Conseil d'État français ayant décidé que tous les tiers lésés dans leurs intérêts de manière « suffisamment directe et certaine » peuvent directement recourir contre le contrat[158]. Le recours pour excès de pouvoir contre les actes préalables à la conclusion du contrat leur est désormais fermé, excepté pour le Préfet dans le cadre de son contrôle de légalité tant que le contrat n'a pas été signé. Ainsi, ont été jugés comme actes détachables susceptibles de recours pour excès de pouvoir :

---

154 H. Charles « Actes rattachables » et « Actes détachables » en droit administratif français. Contribution à une théorie de l'opération administrative, Revue internationale de droit comparé, 1968, Vol. 20, n° 4, PP. 771-775.

155 CE, 4 août 1905, Martin, Rec., P. 749

156 Par exemple la décision ou la délibération d'un Conseil Municipal de passer un contrat.

157 CE, 4 août 1905, Martin, Op. Cit.

158 CE, 4 avril 2014, requête n° 358994, Département du Tarn-et-Garonne.

- La décision d'une Commission d'appel d'offres d'évincer une entreprise[159] ;
- La décision d'écarter une candidature[160] ;
- La décision d'écarter une offre[161].

On peut également citer, à titre d'exemple significatif au Cameroun, la décision révoquant de ses fonctions le Président de la Commission de Passation des Marchés pour « corruption avérée lors de la passation d'un marché public »[162].

On peut considérer que demeurent des actes détachables du contrat, certains actes unilatéraux survenus durant l'exécution du contrat comme une décision de modification unilatérale ou de résiliation unilatérale du contrat ou de refus de résilier un contrat administratif[163]. Toutefois, le recours pour excès de pouvoir contre ces actes n'est ouvert qu'au bénéfice des tiers au contrat.

Les moyens invocables contre l'acte détachable du contrat en recours pour excès de pouvoir sont limités à l'illégalité de l'acte ou à l'existence d'un vice de forme ou de procédure. Cela implique que dans le cas d'un acte postérieur à la conclusion du contrat, les moyens ne pourront pas porter sur la méconnaissance par l'une ou l'autre des parties des stipulations contractuelles.

---

[159] CE, 4 juin 1976, Desforets, Rec., P. 301.

[160] CAA Bordeaux, 4 novembre 2014, Syndicat mixte pour l'équipement et le développement touristique de la côte du Pays basque.

[161] CE, 1er avril 1994, Ets DUCROS.

[162] Jugement n° 101/2015/TA-Ydé du 11 Août 2015. AMBASSA MBARGA Luc C/ État du Cameroun (MINMAP).

[163] TA Bordeaux, 20 mars 2017, n° 1500706, Association des architectes du patrimoine. JCP/ La Semaine Juridique. Édition administration et collectivités territoriales, n° 29, 24 Juillet 2017. Requête n° 83517, Rec. P. 545.

B/ LES CONDITIONS DE RECEVABILITÉ DU RECOURS POUR EXCÈS DE POUVOIR

On peut distinguer les actes susceptibles de recours et les requérants.

1. Les actes susceptibles de recours

Ce sont tous les actes matériellement et intellectuellement détachables du contrat. Il faut que ces actes fassent grief. Par exemple, on ne peut exercer un recours pour excès de pouvoir contre un avis d'appel d'offres, contre une délibération d'une assemblée qui se serait prononcée pour un projet, de passer une délégation de service public. L'apposition de la signature sur le contrat est un acte détachable du contrat qui peut faire l'objet d'un recours pour excès de pouvoir[164].

2. Les requérants

Il faut distinguer deux (02) cas : si le requérant est partie au contrat ou si le requérant est un tiers.

Si le requérant est partie au contrat, c'est-à-dire contractant de l'administration, pendant longtemps son intérêt pour agir était reconnu par la jurisprudence[165]. Son recours contre les actes détachables antérieurs à la conclusion du contrat sera recevable. Par contre, il ne pourra attaquer les actes postérieurs à la conclusion du contrat en excès de pouvoir, puisque le recours de plein contentieux contre le contrat lui-même lui est ouvert. Mais si les concurrents évincés sont exclus, il apparaît douteux que le contractant de l'administration soit recevable en excès de pouvoir puisqu'il est impossible d'invoquer, pour obtenir l'annulation du contrat dont on est cocontractant, des moyens fondés sur l'obligation de publicité et de mise

---

[164] CE, Sect. 8 novembre 1974, EPOUX FIGUERAS. Requête n°83517, Rec. P. 545.

[165] CE, Sect. 4 février 1955, Ville de Saverne. Rec., P. 73.

en concurrence, en raison du principe de loyauté des relations contractuelles[166].

Si le requérant est un tiers, il devra justifier d'un intérêt légitime à agir découlant par exemple du fait de ne pas avoir été retenu par l'administration pour passer le contrat. En principe, la reconnaissance de l'intérêt à agir est subordonnée à la participation effective à la procédure de sélection du cocontractant de l'administration.

En ce qui concerne la procédure d'appel d'offres, il peut s'agir d'une société qui a transmis une offre. Sous certaines conditions, l'intérêt à agir peut être reconnu au contribuable local, aux usagers du service public ou encore à certaines associations ou groupements d'intérêts[167] ou encore d'un éventuel sous-traitant[168].

En matière contractuelle, la recevabilité des tiers est subordonnée à la condition que les stipulations du contrat en cause soient de nature à les léser dans leurs intérêts de façon suffisamment directe et certaine[169].

---

[166] CE, 28 décembre 2009, Béziers 1. N° 304802.

[167] CAA Paris, Plén, 3 Avril 2014, n° 13PA02769, Association de la Justice dans la Cité.

[168] CE, 14 octobre 2015, Région Réunion, n° 391183.

[169] CE, Ass. 14 Avril 2014, Département du Tarn-et-Garonne, n° 358994, Op. Cit ; CE, Ass. 16 juillet 2007, Société Tropic Travaux Signalisation, n° 291545. Voir aussi CAA Paris, 4 Juillet 2017, n° 15PA02283, D. Sur ce dernier cas, voir ECKERT (G), « Encadrement du délai de recours contre les actes détachables du contrat ». Contrats et Marchés Publics n° 10, Octobre 2017, Comm. 248 ; ROUX (G), « La notion de personnes « intéressées » au sens de la jurisprudence Danthony ». AJDA 2017, P. 1649 ; AUDINET (G), « Rénovation du contentieux contractuel : travaux de finitions ». AJDA 2017, P. 1669

C/ LES EFFETS DE L'ANNULATION D'UN ACTE DÉTACHABLE DU CONTRAT

L'annulation d'un acte détachable est dépourvue d'effet direct automatique sur le contrat. La jurisprudence considère que l'annulation d'un acte détachable, même préparatoire du contrat, ne retentit ni automatiquement, ni systématiquement sur sa validité, et donc sur l'exécution du contrat : « l'annulation de l'acte détachable n'aura et ne pourra avoir par elle-même un effet direct sur le contrat auquel le juge de l'excès de pouvoir ne peut toucher »[170].

La section du rapport et des études du Conseil d'État a aussi rappelé qu' « au plan des principes (…), l'annulation par le juge de l'excès de pouvoir à la demande d'un tiers, d'un acte détachable du contrat n'a par elle-même aucun effet direct sur le contrat qui demeure la loi des parties et dont l'exécution, dans l'intérêt du service public, peut être poursuivie sous réserve des droits à indemnité des tiers requérants »[171]. Comme le souligne encore l'arrêt Société Orphrys et Communauté d'agglomération Clermont-Communauté[172], « l'annulation d'un acte détachable d'un contrat n'implique pas nécessairement la nullité dudit contrat ; il appartient au juge de l'exécution, après avoir pris en considération la nature de l'illégalité commise, soit de décider que la poursuite de l'exécution du contrat est possible, éventuellement sous réserve de mesures de régularisation prises par la personne publique ou convenues entre les parties, soit après avoir vérifié que sa

---

[170] Concl. ROMIEU, sur CE, 4 août 1905, Martin.

[171] CE, Avis, Sect., 3 décembre 1997, Compagnie de gestion des eaux du Sud-Est.

[172] CE, 21 Février 2011, n° 337349 et CE, 5 Juillet 2017, n° 401940, Cne Teste-de-Buch. Sur ce dernier cas voir ECKERT (G) « Conséquences de l'irrégularité de la procédure de passation d'un contrat de partenariat ». Contrats et Marchés Publics n° 10, octobre 2017, Comm. 250

décision ne portera pas une atteinte excessive à l'intérêt général, d'en joindre à la personne publique de résilier le contrat le cas échéant, avec un effet différé, soit eu égard à une illégalité d'une particulière gravité, d'inviter les parties à résoudre leurs relations contractuelles ou, à défaut d'entente sur cette résolution, à saisir le juge du contrat afin qu'il en règle les modalités s'il estime que la résolution peut être une solution appropriée ».

D'une manière générale, si le principe de l'annulation d'un acte détachable demeure toujours le maintien du contrat[173], ce principe se voit de plus en plus grevé d'exception si l'on prend en compte le sort effectif du contrat qui intègre selon le motif de l'annulation la continuation du contrat, sa résiliation ou sa résolution.

Mais le Conseil d'État a abandonné sa jurisprudence issue de sa décision concernant la recevabilité du recours pour excès de pouvoir d'un tiers contre un acte d'exécution d'un contrat (refus de résiliation en raison du principe d'égalité et de la notion de contrat)[174] et a transformé le recours pour excès de pouvoir contre le refus de résilier un contrat en un recours de plein contentieux tendant à ce qu'il soit mis fin à l'exécution d'un contrat administratif[175].

Ce faisant, il le soumet aux mêmes conditions d'intérêt à agir, et ouvre au juge les mêmes pouvoirs que ceux

---

[173] CE, 30 mars 1906, Balland.

[174] CE Sect., 24 Avril 1964, SA de livraison industrielle et commerciale, Rec., P. 239, AJDA 1964, P. 308.

[175] CE, Sect., 30 juin 2017, n° 391283, Syndicat mixte de promotion de l'activité transmanche (SMPT). Voir également PIETRI (J.P), « Recours des tiers contre le refus de résiliation du contrat ». Contrats et Marchés Publics n° 10, Octobre 2017, Comm 249. Dans le même sens, HOURSON (S), « Un nouveau recours de pleine juridiction des tiers à l'encontre d'un refus de résilier un contrat administratif ». La Semaine Juridique Edition Générale, n° 40, 2 Octobre 2017, 1032.

existant dans le recours en contestation de validité du contrat. Il limite toutefois les moyens susceptibles d'être invoqués à la méconnaissance de dispositions législatives intervenues depuis la conclusion, à l'existence d'irrégularités que le juge devrait relever d'office ou au constat d'un motif d'intérêt général, tous de nature à empêcher la poursuite de l'exécution du contrat.

§2- LE RECOURS POUR EXCÈS DE POUVOIR CONTRE LES CLAUSES RÉGLEMENTAIRES DU CONTRAT

La compréhension du contenu des clauses réglementaires du contrat (A) nous permet de cerner l'évolution jurisprudentielle de ce recours (B).

A/ LE CONTENU DES CLAUSES RÉGLEMENTAIRES DU CONTRAT PUBLIC

Certains contrats peuvent être mixtes, c'est-à-dire contenir des dispositions de nature réglementaire et d'autre de nature contractuelle. Cette situation se rencontre notamment en matière de concession de service public. Certaines clauses sont contractuelles : il en va ainsi des clauses qui déterminent la durée de la concession ou les avantages financiers du concessionnaire. En revanche, d'autres clauses traduisent l'expression d'un pouvoir unilatéral de l'administration. Elles ont pour but d'imposer aux concessionnaires les conditions d'exploitation du service public. À ce titre, elles peuvent être modifiées unilatéralement par l'autorité concédante.

Les clauses réglementaires sont principalement les clauses générales et impersonnelles affectant la situation des usagers et se définissant par opposition aux clauses qui confèrent des droits subjectifs aux parties au contrat. Toutefois, il arrive que le juge analyse comme contractuelles, des clauses d'un contrat qui ont un effet général : par exemple, pour les statuts d'une société établie par contrat[176]. Inversement, le juge a pu estimer qu'une convention a un caractère réglementaire sous des apparences contractuelles[177]. Généralement, sont considérés comme réglementaires, les clauses relatives à l'organisation et au fonctionnement du service public. Il s'agit, par exemple :

- Des clauses des cahiers de charges confiant l'exploitation du service à des sous-traitants[178] ;
- Des clauses relatives au tarif des redevances dues par les usagers[179].

Très peu de ces clauses auront vocation à être attaquées dans le cadre de la passation d'un contrat public. Dès lors, avant tout recourt, il conviendra d'identifier la nature contractuelle ou non des clauses que l'on désire attaquer et vérifier leur caractère divisible, ce qui postule une analyse d'ensemble du contrat et de son contexte. Enfin, si l'annulation d'une clause divisible est prononcée par le juge, cela emporte nullité partielle du contrat, en ce sens que seule la stipulation irrégulière est frappée de nullité.

Une Cour Administrative d'Appel en France a récemment jugé que « si les tiers sont recevables à contester devant les juges de l'excès de pouvoir, les dispositions réglementaires contenues dans un contrat, cette faculté ne saurait toutefois concerner les clauses qui, portant sur une condition essentielle du contrat en constituaient un élément indivisible donc l'annulation

---

[176] CE, 14 mars 1997, Cie d'aménagement des coteaux de Gascogne, n° 119055.

[177] CE, 30 décembre 1998, Syndicat national des industries pharmaceutiques, n° 194399.

[178] CE, 24 janvier 1990, Dame Martinetti, Rec., T. 557.

[179] TA DIJON, 9 mai 1995, Mme Bessis et CE 918 SSR 1997-12-29, n° 170822.

aurait pour effet de priver le contrat de son objet et d'en bouleversé son équilibre »[180]. Autrement dit, seules les clauses dites divisibles peuvent faire l'objet d'un recours en annulation. Et selon la jurisprudence, les stipulations « qui ne créent d'obligation qu'envers les signataires et sont étrangères à l'organisation et au fonctionnement du service » ne présentent pas ce caractère de clauses réglementaires susceptibles de faire l'objet d'un recours pour excès de pouvoir[181].

B/ L'ÉVOLUTION JURISPRUDENTIELLE DU RECOURS POUR EXCÈS DE POUVOIR CONTRE LES CLAUSES RÉGLEMENTAIRES DU CONTRAT

Pendant longtemps, les clauses réglementaires n'ont pu être contestées devant le juge administratif. Si jusqu'à 1996, les clauses réglementaires ne pouvaient faire l'objet d'un recours pour excès de pouvoir, cela ne signifiait pas pour autant qu'elles n'avaient aucune incidence contentieuse. Ainsi, les administrés pouvaient demander au juge administratif l'annulation des actes du concédant contraires à ces clauses. Mais ces derniers ne pouvaient être attaqués directement.

Le Conseil d'État français a mis fin à cette situation en admettant la recevabilité du recours pour excès de pouvoir contre les clauses réglementaires des contrats publics[182]. La haute juridiction est ainsi revenue sur la jurisprudence traditionnelle qui retenait l'irrecevabilité d'un tel recours, quelle que soit la nature des clauses contestées[183]. Cette

---

[180] CAA Marseille, 22 janvier 2007, SA Les Sables d'or et autres, n° 04 MA01928.
[181] CAA Lyon, 5 juillet 2007, Avrillier, n° 01LY00589 Jurisdata, n° 2007-356212.
[182] CE, Ass., 10 juillet 1996, Cayzeele, n° 138536.
[183] CE, 16 avril 1986, CLT, n° 74993, 75052 et 75053.

solution ouvre aux tiers intéressés des possibilités d'action étendues, ébranlant ainsi le dogme de l'inviolabilité du contrat. Mais l'arrêt Cayzeele a laissé en suspens la question de savoir si les clauses réglementaires d'un contrat sont par principe divisibles de celui-ci.

CHAPITRE 2 : LE CONTENTIEUX DE L'EXÉCUTION DES CONTRATS PUBLICS

Après la signature d'un contrat public, son exécution peut être administrative, technique, financière[184]. Outre les garanties, l'exécution d'un contrat public prévoit également les aléas contractuels ainsi qu'un régime de responsabilité contractuelle pour faute, sans faute et décennale[185]. Enfin, l'expiration des relations contractuelles met en relief la fin normale du contrat ainsi que sa fin prématurée[186]. Toutes ces phases peuvent être à l'origine soit d'un contentieux de pleine juridiction (Section I), soit d'un contentieux de la résiliation des contrats publics (Section II).

SECTION I : LES RECOURS DE PLEINE JURIDICTION

Le contentieux de pleine juridiction se distingue clairement de l'excès de pouvoir. Le juge ne doit seulement se limiter, comme dans le cadre du recours pour excès de pouvoir, à annuler ou à valider un acte administratif. Il peut aussi reformer l'acte, le modifier voire lui en substituer un nouveau. Ainsi, « le plein contentieux est aussi hétérogène qu'est homogène le contentieux de l'excès de pouvoir »[187]. En matière

---

[184] BIAKAN (J), Droit des marchés publics au Cameroun. Contribution à l'étude des contrats publics. Op. Cit., P. 79 et S.
[185] RICHER (L), Droit des contrats administratifs, Op. Cit., P. 200 et S.
[186] RICHER (L), Les contrats administratifs, Dalloz, Connaissance du droit, 1991, P. 95 et S.
[187] CHAPUS (R), Droit administratif général. LGDJ, 15è éd., 2001, T.1, P. 790.

contractuelle, on peut distinguer principalement deux (02) types de recours de pleine juridiction : le recours en déclaration de nullité du contrat (§1) et le recours en contestation de la validité du contrat (§2).

§1- LE RECOURS EN DÉCLARATION DE NULLITÉ DU CONTRAT

Le recours en déclaration de nullité contre tout ou partie des dispositions d'un contrat est un recours de pleine juridiction formé par les seules parties contractantes devant le juge compétent du contrat, pour que celui-ci « constate » la nullité du contrat ou de l'une de ses dispositions, et en tire les conséquences. Conformément à la théorie des nullités[188], le contrat déclaré nul est censé n'avoir pu faire naître aucune obligation à la charge des parties. Il est anéanti tant pour l'avenir que pour le passé et il n'est plus possible d'invoquer ses stipulations[189]. Sur le plan théorique, la nullité du contrat est censée se distinguer de son annulation[190]. Le juge du contrat, saisi par les parties, peut constater sa nullité mais ne pas l'annuler. Cela implique que les deux notions sont distinctes. L'annulation a besoin d'être prononcée alors que la nullité n'est que déclarée, constatée. Avec la nullité, il s'agit de prendre et donner acte d'une situation de fait, d'un état du contrat et non d'avoir une véritable action sur celui-ci[191]. Sur le plan pratique, l'annulation et la nullité sont assez proches. Leurs effets sont comparables. Elles

---

188 BOUDOT (M), VECCHI (P.M), La théorie des nullités, éd. Faculté de Droit et des Sciences Sociales de Poitiers, 2009, 280 P.

189 POUYAUD (D), La nullité des contrats administratifs, LGDJ, 1991, 595 P.

190 TERNEYRE (Ph), Les paradoxes de l'annulation des contrats administratifs, EDCE 1988, n° 39, P. 69 et S.

191 TERNEYRE (Ph) et GOURDOU (J), « Pour une clarification du contentieux de la légalité en matière contractuelle », CJEG, 1999, P. 249.

valent, l'une et l'autre *erga omnes*, c'est-à-dire à l'égard de tous. Et elles induisent l'une et l'autre un effet rétroactif. Ainsi, la nullité « contrairement à la résiliation du contrat qui ne produit des effets que pour l'avenir, a un caractère rétroactif, ce qui signifie que dès sa conclusion, le contrat est censé n'avoir jamais existé, même si le juge du contrat ne prononce pas l'annulation de cet acte bilatéral. Le contrat continue donc à exister matériellement, mais il ne produit plus aucun effet de droit entre les parties. Ces dernières sont censées n'avoir jamais été tenues par les obligations qui s'imposaient en apparence à elles en raison du contrat. La nullité d'un acte contractuel a donc des effets radicaux sur les droits et obligations de ses signataires »[192]. Ainsi défini, l'examen de ce recours permet d'abord d'identifier la qualité des requérants et les conditions de saisine du juge (A) et par la suite, cerner les pouvoirs du juge ainsi que les conséquences de la déclaration de nullité (B).

À/ LA QUALITÉ DES REQUÉRANTS ET LES CONDITIONS DE SAISINE DU JUGE

1. La qualité des requérants

Seules les parties contractantes sont recevables à demander au juge du contrat de constater la nullité des stipulations contractuelles[193]. Sont assimilés aux parties contractantes, tous les membres d'un groupement momentané d'entreprises titulaires d'un marché public ou les contribuables communaux agissant en lieu et place de

---

[192] Concl. Savoie sur CE, Sect. 20 Octobre 2000, Cité câble Est., n° 196553.

[193] CE, Sect. 4 mai 1990, n° 71707, Cie Industrielle Maritime CIM, Rec., CE 1990, P. 113.

la Commune contractante[194]. En revanche, les tiers au contrat ne peuvent saisir directement le juge du contrat pour qu'il constate la nullité d'un contrat alors qu'ils auraient obtenu l'annulation de la décision de passer le contrat devant le juge de l'excès de pouvoir.

Toutefois, on peut considérer, en cas d'annulation d'un acte détachable en raison de l'illégalité du contrat ou d'un vice propre intimement lié au contrat, d'une part que l'administration contractante a désormais l'obligation de saisir spontanément le juge du contrat pour qu'il constate la nullité du contrat et, d'autre part, en cas de carence de l'administration, que le tiers peut demander au juge que cette dernière remplisse cette obligation éventuellement sous astreinte[195].

2. Les conditions de saisine du juge

Le recours peut porter sur la formation du contrat afin que le juge déclare qu'aucune relation contractuelle n'existe entre les parties. Il peut porter sur une des clauses du contrat, objet d'un litige consécutif à son application concrète.

En principe, le recours n'est enfermé dans aucun délai ni obligation de décision administrative préalable. S'il s'agit d'une nullité absolue, la prescription de l'action est trentenaire, s'il s'agit d'une nullité relative, l'action se prescrit par cinq (05) ans et comme dans la plupart des cas, il s'agit d'une nullité d'ordre public[196].

---

[194] ANTOINE (J), « Les titulaires du recours en nullité du contrat : comparaison du droit administratif et du droit privé », Drt. adm., novembre 2001, P. 4.

[195] CE, Sect. 7 octobre 1993, n° 54660, Société le YACHE Club International, Rec., CE, 1993, P. 971 et EPOUX LOPEZ, CE, Sect. 7 octobre 1994, n° 124244, Rec. CE 1994, P. 430.

[196] Cf. Art. 1304 et 2262 du Code Civil.

Généralement, la nullité absolue implique la violation de règles d'ordre public, c'est-à-dire de moyens de légalité objective que le juge doit relever d'office. Ainsi, la violation des règles de compétences[197], de publicité et de concurrence dans la passation des contrats[198] relative à la rémunération des cocontractants ou d'un engagement à modifier la réglementation d'urbanisme.

Les nullités relatives portent essentiellement sur les règles de capacité du cocontractant[199].

B/ LES POUVOIRS DU JUGE ET LES CONSÉQUENCES DE LA DÉCLARATION DE NULLITÉ

Très récemment encore, les parties à un contrat étaient recevables à demander par voie d'action au juge d'en constater ou d'en déclarer la nullité en tout ou partie[200]. Le contrat déclaré nul est censé n'avoir pu faire naître des obligations à la charge des parties. Il est anéanti tant pour l'avenir que pour le passé et il n'est plus possible d'invoquer ses stipulations.

Les parties pouvaient également demander au juge, par voie d'exception à l'occasion d'un litige relatif à l'exécution du contrat, d'en obtenir qu'il en écarte l'application. Le juge pouvait et devait lui-même relever d'office la nullité du contrat[201]. Ses pouvoirs se limitaient

---

[197] CE, Sect. 13 juillet 1961, n° 47355, Société d'entreprise générale et de travaux publics pour la France et les colonies et ministre des Travaux publics, Rec. CE 1961, P. 473, AJDA, 1961, P. 548.
[198] CE, Sect. 26 mars 1965, n° 50049, Dame Veuve MOULINET, Rec. CE 1965, P. 209.
[199]CE, 26 avril 1950, n° 83931, DOMERGUE, Rec. CE 1950, P. 813.
[200] CE, 1er juillet 2009, Cie des transports de LA Roche-sur-Yon, n° 306756.
[201] CE, 29 janvier 1982, Martin n° 19926.

à constater cet état de l'acte, dont il ne pouvait prononcer l'annulation[202].

Depuis l'arrêt Commune de Béziers[203], il a été jugé que désormais, lorsque le juge est saisi par voie d'action, il s'agit d'un « recours de plein contentieux contestant la validité du contrat ». L'office du juge est le suivant : il commence par faire un tri des moyens pouvant être invoqués devant lui au regard de « l'exigence de loyauté de relations contractuelles ». Puis, s'il constate l'existence d'irrégularité, il en apprécie l'importance et les conséquences, leur nature et la stabilité des relations contractuelles constituant deux éléments à prendre en compte. S'il estime que l'irrégularité appelle la résiliation, ou en dernière extrémité l'annulation du contrat, un troisième élément intervient : l'existence de l'atteinte excessive que la sanction porterait à l'intérêt général. Dans ces conditions, le juge peut en différer les effets.

Avec l'arrêt Commune de Béziers, les parties ne peuvent échapper à leurs obligations que pour des motifs sérieux, le juge peut exercer un véritable office de pleine juridiction. Il lui revient d'apprécier les obligations des cocontractants, de dire si le lien contractuel doit subsister ou non, dans quelle limite. Le juge peut ainsi statuer sur la validité du contrat et pourra, le cas échéant, en prononcer la nullité.

§2- LE RECOURS EN CONTESTATION DE LA VALIDITÉ DU CONTRAT

En France, par une importante décision, le Conseil d'État a ouvert une nouvelle voie contentieuse permettant à tout concurrent évincé de la conclusion d'un contrat

---

[202] CE, 14 décembre 1988, Établissement public d'aménagement de la ville nouvelle de Saint-Quentin-en-Yvelines, n° 71627.
[203] CE, Ass. 28 décembre 2009, n° 304802, Cf. AJDA 2010, P. 142.

public, de saisir le juge du plein contentieux d'un recours en contestation de la validité dudit contrat : « Considérant que, indépendamment des actions dont les parties au contrat disposent devant le juge du contrat, tout concurrent évincé de la conclusion d'un contrat administratif est recevable à former devant ce même juge, un recours de pleine juridiction contestant la validité de ce contrat ou de certaines de ces clauses qui en sont divisibles »[204]. Si ce recours est un recours de pleine juridiction, il y a lieu d'examiner les conditions de sa mise en œuvre ainsi que les effets y attachés.

A/ LE RECOURS DE PLEINE JURIDICTION EN CONTESTATION DE LA VALIDITÉ D'UN CONTRAT PUBLIC

Le contentieux de pleine juridiction se distingue clairement de l'excès de pouvoir. Le juge ne doit pas seulement se limiter, comme dans le cadre du recours pour excès de pouvoir, à annuler ou valider un acte administratif. Il peut aussi reformer l'acte administratif, le modifier, voire lui en substituer un nouveau. Ainsi, « le plein contentieux est aussi hétérogène qu'est homogène le contentieux de l'excès de pouvoir »[205]. L'analyse de ce recours met en exergue le champ d'application renforcé en cela par les conditions de mise en œuvre et les effets de ce recours.

---

[204] CE, Ass. 16 juillet 2007, Société Tropic travaux signalisation, n° 291 545.

[205] CHAPUS (R), Droit administratif général, LGDJ, 15è éd. 2001, T1 P. 790. Voir aussi PIETRI (J.P) « Un an de droit du contentieux de la commande publique ». Contrats et Marchés Publics, n° 8-9, Août 2017, Chron. 5.

1. Le champ d'application du recours

Le champ d'application de ce recours permet de distinguer les contrats concernés et les titulaires du recours.

a) Les contrats concernés

Le Conseil d'État, dans sa jurisprudence, utilise une formule générale en mentionnant « tout concurrent évincé de la conclusion d'un contrat administratif »[206]. Tous les contrats administratifs sont ainsi concernés : marchés publics, délégations de service public, contrats de partenariat, conventions d'occupation du domaine public[207].

Toutefois, la jurisprudence employant le vocable « concurrent », on peut penser que les contrats non soumis à une obligation de concurrence ne seraient pas visés par ce recours, sauf si l'administration organise volontairement celle-ci. Telle semble être également la position de la jurisprudence[208].

b) Titulaire du recours

Seuls les concurrents évincés de la conclusion du contrat sont recevables à former un recours en contestation de validité devant le juge du plein contentieux.

Il semble que la notion de « concurrent évincé » » doit être entendue plus étroitement que celle de tiers[209]. Il est possible d'affirmer que les tiers autres que ceux évincés, notamment les élus et les contribuables ne sont pas admis

---

[206] CE, 16 juillet 2007, Op. Cit.
[207] Cf. BIAKAN (J), « Recherches sur les contrats publics d'affaire au Cameroun », RASJ, n° spécial l'Harmattan 2014, P. 135 et S.
[208]TA-Caen, Ord. 15 Mai 2008, Société Forestière d'Investissement Immobilière et Société FONCIM, n° 081068.
[209] ZUCCARO-JURVILLIERS (E), Le tiers en droit administratif, thèse droit public. Université Nancy 2. juillet 2010, 603 P.

au bénéfice de ce recours, dans la mesure où ils ne peuvent arguer de la qualité du concurrent[210].

En revanche, les entreprises ayant déposé un dossier de candidature et/ou une offre sont éligibles sans nul doute à exercer ce recours et l'incertitude demeure pour les entreprises n'ayant pas participé à la consultation par la faute de l'administration, par exemple, pour cause de publicité insuffisante. C'est la procédure ayant abouti à la conclusion du contrat qui peut aider à cerner la notion de « concurrent évincé ».

2. La mise en œuvre et les effets du recours en contestation de validité.

Le point de départ du délai de ce recours est fixé à l'accomplissement par l'administration, de la réalisation des mesures de publicité appropriée. Le juge administratif a pris soin de préciser qu'au terme d'un délai de deux (02) mois, le recours ne pourra plus être exercé.

Aussi, la publication d'un avis dans la presse spécialisée et plus exactement dans le même support ayant servi pour la consultation est recommandée. Cette publicité doit être suffisante et utile au regard de l'objet du marché et des modalités de consultation qui ont été mises en œuvre. Le juge se réserve le droit de s'assurer si la publicité réalisée est suffisante, tant en ce qui concerne son contenu que ces modalités de diffusion.

Outre la question du début du décompte du délai de recours en contestation de validité, la réalisation des modalités de publicité a une grande importance : « à partir de la conclusion du contrat, et dès lors qu'il dispose du

---

[210] Cf. Art. 7 du décret n° 2004/275 du 24 Septembre 2004 portant Code des Marchés Publics au Cameroun « Les marchés publics sont passés après mise en concurrence des cocontractants potentiels de l'administration sur appel d'offres ».

recours ci-dessus défini, le concurrent évincé n'est, en revanche, plus recevable à demander l'annulation pour excès de pouvoir des actes préalables qui en sont détachables ». Si le recours en excès de pouvoir est fermé à l'encontre des actes préalables, le requérant peut toujours se prévaloir de l'illégalité d'un acte détachable comme moyen à l'appui de son recours en contestation de validité.

B/ LES POUVOIRS ÉTENDUS DU JUGE

Dans ce domaine, le juge administratif dispose des pouvoirs les plus étendus.

Il lui appartient, dès lors qu'il est régulièrement saisi, « lorsqu'il constate l'existence de vices entachant la validité du contrat, d'en apprécier les conséquences : qu'il lui revient, après avoir pris en considération la nature de l'illégalité éventuellement commise, soit de prononcer la résiliation du contrat ou de modifier certaines de ses clauses, soit de décider de la poursuite de son exécution, éventuellement sous réserve de mesures de régularisation par la collectivité contractante, soit d'accorder des indemnisations en réparation des droits lésés, soit enfin, après avoir vérifié si l'annulation du contrat ne porterait pas une atteinte excessive à l'intérêt général ou au droit des cocontractants, d'annuler, totalement ou partiellement, le cas échéant avec un effet différé, le contrat »[211].

Le juge administratif peut donc mettre en œuvre, à l'occasion d'un tel recours des pouvoirs particulièrement étendus, même s'il ressort de l'arrêt du Conseil d'État que ces prérogatives ne semblent ne pas se cumuler. En effet,

---

[211] CE, Ass. 16 Juillet 2007, Société Tropic travaux signalisation, Op. Cit. Voir aussi LLORENS (F) et SOLER-COUTEAUX (P), « Le nouveau recours en résiliation du contrat ouvert aux tiers ». Contrats et Marchés Publics, n° 8-9, Août 2017, Repère 8.

il lui revient « soit de prononcer la résiliation du contrat ou de modifier certaines de ses clauses, soit de décider la poursuite de son exécution, éventuellement sous réserve des mesures de régularisation... soit d'accorder des indemnisations... soit d'annuler le contrat ».

En premier lieu, le juge peut annuler totalement ou partiellement un contrat avec, le cas échéant, un effet différé. Cette décision ne semble avoir été prise qu'en présence d'un vice de légalité d'une particulière gravité et sous réserve que l'annulation totale ou partielle, ne porte pas une atteinte excessive à l'intérêt général ou au droit des cocontractants.

En second lieu, en considération du vice constaté, le juge peur choisir de prononcer la résiliation du contrat ou de modifier certaines de ses clauses.

En troisième lieu, le juge dispose d'un pouvoir d'injonction à l'égard des parties et peut ordonner la poursuite du contrat sous réserve d'ajustement : il a la possibilité d'imposer une modification du contrat ou de prendre des mesures de régularisation de nature à permettre la poursuite du contrat.

En dernier lieu et dans toutes les hypothèses, le juge a le pouvoir d'indemniser les concurrents évincés de la conclusion du contrat illégal.

SECTION II : LE CONTENTIEUX DE LA RÉSILIATION DES CONTRATS PUBLICS.

Le contentieux de la résiliation des contrats publics connaît une importante mutation, notamment en France ou par un arrêt du 21 mars 2011, dit Commune de Béziers II, la haute juridiction a abandonné sa jurisprudence traditionnelle en matière d'exécution des contrats où le juge ne disposait que du pouvoir de réparer les conséquences dommageables d'une décision de résiliation[212]. Le juge peut être saisi aujourd'hui d'un recours de plein contentieux contestant la validité de la décision de résiliation du contrat et tendant à la reprise des relations contractuelles[213].

Mais en réalité, le contentieux de la résiliation des contrats publics est dense, complexe et multiple. Les éléments les plus pertinents peuvent être cernés autour de deux (02) axes : le contentieux lié au motif de la résiliation (§1) et le contentieux lié à l'indemnisation (§2).

§1- LE CONTENTIEUX LIE AU MOTIF DE LA RÉSILIATION

La réglementation camerounaise en matière de la résiliation des contrats publics est enracinée sur trois (03) ordres de motifs, à savoir : la force majeure[214], la faute du titulaire[215] et l'intérêt général[216]. Plusieurs illustrations jurisprudentielles permettent d'apprécier la force majeure (A), la faute du titulaire (B) et l'intérêt général (C).

---

[212]Voir aussi AMSECOM/AMSECOCONCOM C/ État du Cameroun, Jugement n° 50/CSLCA du 1er Février 1985. La juridiction administrative est incompétente pour prononcer l'annulation de la décision n° 040/CAB/PR du 29 Novembre 1982 portant résiliation du marché n° 67/AO/BE/79-80 passé entre l'État et l'entreprise requérante.

[213] CE, Ass. 21 mars 2011, Commune de Béziers n° 304806.

[214] L'Article 75(2) des CCAG (travaux).

[215] L'Article 100 du Code des Marchés Publics, décret n° 2004/275 du 24 septembre 2004.

[216] Ibid. Art. 101.

A/ LA FORCE MAJEURE

La force majeure est importante dans la mise en œuvre des contrats publics[217].

La force majeure est un évènement qui doit être à la fois extérieur au cocontractant, irrésistible et imprévisible[218]. Il s'agit d'un fait qui ne pouvait ni être prévu, ni être empêché par les parties. Cet évènement est totalement indépendant de leur volonté et rend l'exécution du contrat absolument impossible. La force majeure se définit à travers trois(03) critères :

- L'irrésistibilité qui correspond à l'idée que l'évènement constitutif de la force majeure est réellement impossible à surmonter[219] ;
- L'imprévisibilité. Le juge recherche si l'évènement aurait pu être prévu par l'entrepreneur au moment de la conclusion du marché[220]. Ce critère s'apprécie par rapport à une région et à une localité et sur une durée de temps assez longue.
- L'extériorité suppose que le fait soit étranger au défendeur qui s'en prévaut, et plus généralement aux parties[221].

Les requérants doivent rapporter les éléments de nature à établir le bien-fondé du moyen tiré de ce que l'évènement ou le phénomène naturel invoqué serait

---

[217] Voir JACOT (N), « La notion de force majeure dans les contrats publics », Contrats publics. In Mélanges en l'honneur du professeur M. GUISAL. PU Montpellier I, P. 275 et S ; JEGOUZO (L), « L'application de la force majeure en droit des contrats », In Mélanges en l'honneur du Professeur RICHER, LGDJ 2013, PP. 355-364.

[218] CE, 29 janvier 1909, Cie de messagerie maritime, n° 17614.

[219] CE, 25 mai 1998, Abadie Rec. CE, P. 1026.

[220] CAA Bordeaux, 23 mai 1989, SA. Smac Acieroid. D., 1990, P. 68.

[221] CE, 9 novembre 1955, Société des transports routiers Aviat et Cie, Rec. CE, P. 230.

imputable à des circonstances constitutives de la force majeure. Ces évènements peuvent être causés soit par des faits naturels (intempéries exceptionnelles), soit par des faits de l'homme (grève, guerre). L'établissement de la situation de la force majeure permet de justifier aussi bien l'inaction de l'administration[222] que le manquement de l'entrepreneur. L'entrepreneur est libéré de son obligation d'exécution[223]. Toutefois, si la force majeure prend fin, l'obligation d'exécuter le marché s'impose à nouveau à l'entrepreneur[224].

B/ LA FAUTE DU TITULAIRE

La résiliation est prononcée à titre de sanction lorsque l'entrepreneur a eu un comportement grave et gênant la bonne exécution du marché[225]. Il est nécessaire que le cocontractant ait commis une faute suffisamment grave telle que la violation des clauses contractuelles, fausse déclaration, abandon de chantier qui lui est imputable. Lorsque le fait du cocontractant ne peut être qualifié de faute, l'application d'une sanction est exclue. Obéissant à un formalisme et à un régime juridique spécifique, l'exercice de ce pouvoir de sanction conduit non seulement à la cassation des rapports contractuels mais à des incidences financières particulières[226]. La résiliation est prononcée aux torts du cocontractant en cas de faute et doit être précédée d'une mise en demeure (sauf clause contraire) restée infructueuse. Dans cette hypothèse, le cocontractant n'a pas droit à être indemnisé, car la résiliation est prononcée à ses torts[227], sauf clause contraire.

---

[222] CE, 13 juillet 1961, Société Indochinoise d'électricité, Rec., P. 519.
[223] CE, 29 janvier 1909, Compagnie des messageries maritimes. Op. Cit.
[224] CE, 5 janvier 1924, Cie Gard, Rec., P. 18.
[225] LEFOULON (J), « Les formalités en matière de sanctions dans le contrat administratif », AJDA, 1974, 565.485.
[226] RICHER (L), Droit des contrats administratifs, Op. Cit., P. 266 et S.
[227] CE, 8 novembre 1985, OZILOU, Rec., P. 317.

C/ LE POUVOIR DE RÉSILIATION DANS L'INTÉRÊT GÉNÉRAL

L'existence d'un pouvoir de résiliation pour motif d'intérêt général est « l'un des droits de l'administration le moins contesté en notre matière »[228].

Lorsque l'intérêt général l'exige, l'administration peut résilier le marché à tout moment, sans le consentement de son cocontractant. Autrement dit, la personne publique peut résilier alors même qu'aucune disposition législative ou réglementaire ni même aucune stipulation contractuelle ne l'aurait prévu. Le pouvoir de rompre unilatéralement le contrat appartient, même sans texte, à l'administration en vertu des règles générales applicables au contrat administratif[229]. Les motifs d'intérêt général peuvent être de plusieurs natures : l'abandon du projet, le changement d'objectifs.

Cette règle, profondément dérogatoire du Code Civil, notamment l'article 1134 consacrant la force obligatoire des contrats, s'explique par les « lois » du service public[230] et par le souci de protection des deniers publics[231]. Il serait en effet coûteux pour les contribuables que l'administration continue à payer pour obtenir une prestation pour des travaux inutiles. Dès lors, lié aux nécessités de fonctionnement du service public, le pouvoir

---

[228] PEQUIGNOT (G), Théorie générale du contrat administratif. Éd. Pédone, 1945, P. 391. Voir aussi LOMBARD (F), « Modalités d'indemnisation du cocontractant en cas de résiliation pour motif d'intérêt général ». AJDA 2017, P. 1678

[229] CE, 2 mai 1958, Société distillerie de Magnac-Laval, Rec., P. 246

[230] BIAKAN (J), « Le critère de service public en droit administratif camerounais », In ONDOA (M) et ABANE ENGOLO P-E. les fondements du droit administratif camerounais, CERCAF, l'Harmattan 2016, PP. 143-164.

[231] MESSENGUE AVOM. La gouvernance des marchés publics. Les éditions de Kilimandjaro 2013, 550 P.

de résiliation unilatéral ne peut pas faire l'objet d'une renonciation de la part de la personne publique[232]. Toute clause de nature à faire obstacle à l'exercice de ce pouvoir de résiliation est ainsi frappée de nullité en tant qu'incompatible avec les nécessités du fonctionnement de service public.

La résiliation peut intervenir à tout moment, mais en principe une mise en demeure est exigée, sauf clause contraire. La jurisprudence a même admis que l'administration pouvait mettre fin au marché soit par décision particulière, soit par un acte réglementaire applicable à tous les contrats de même nature[233].

La résiliation n'étant pas ici une sanction, aucune faute n'est imputable au cocontractant. En contrepartie, son droit à indemnité est reconnu par la jurisprudence[234].

§2- LE CONTENTIEUX LIÉ À L'INDEMNISATION

La question de l'indemnité de résiliation repose sur trois (03) postulants :

- L'hypothèse d'une résiliation stricto sensu, c'est-à-dire d'une rupture anticipée d'un contrat défini comme une extinction de celui avant son terme. La résiliation doit se distinguer du cas proche et fréquemment rencontré du non renouvellement d'un contrat ;

- La résiliation doit avoir été régulièrement prononcée. Les résiliations irrégulières, tant dans la forme que sur le fond, peuvent engendrer une

[232] CE, 6 mai 1985, Association Eurolat, n° 41589/41699, RFDA, 1986, P. 21.
[233] CE, 4 juin 1999, Cie Galle de Chauffe, D, 2000, P. 219.
[234] CE, 8 décembre 1967, Cts Cazautets, RDP 1968, P. 942

responsabilité contractuelle pour une faute d'administration ;

- Le contrat résilié ne doit pas être entaché de nullité. Le versement d'une indemnisation de « résiliation » d'un contrat nul constitue en effet une aberration[235]. En présence d'un contrat nul, que le contrat ait été formellement « résilié », « résolu », ou « annulé », par le juge, les droits des « parties » se résument à l'application des principes jurisprudentiels bien établis en la matière concernant la responsabilité quasi-contractuelle et quasi-délictuelle de la résiliation[236]. En aucun cas, lorsque le contractuel est entaché de nullité, les principes applicables en matière de résiliation ou les clauses connues entre les parties sur ce point ne sauraient trouver application.

Le contentieux lié à l'indemnisation fait le point sur l'état du droit concernant le droit financier du cocontractant de l'administration né d'une résiliation anticipée régulière d'un contrat public. L'examen des solutions acquises montre d'abord l'existence, en matière d'indemnité pour rupture anticipée d'un contrat, d'une véritable summa divisio entre la résiliation pour faute et celle prononcée en l'absence, de toute faute du cocontractant (A). Ensuite, la jurisprudence accorde, en raison de la logique contractuelle, une importance considérable à la façon donc les parties ont conçu l'indemnité de résiliation (B).

[235] CAA de Bordeaux, 28 Avril 1997, requête n° 96BX01843 Commune d'Ales, Lebon, P. 943.
[236] CE, Sect. 20 octobre 2000, n° 196553, Société Cité Câbles Est, RFD adm. 2001, P. 359.

A/ LA DISTINCTION FONDAMENTALE ENTRE RÉSILIATION POUR FAUTE ET RÉSILIATION SANS FAUTE.

1. La résiliation pour faute : l'absence de droit à indemnités

En cas de résiliation pour faute, le cocontractant défaillant, qui voit son contrat résilié pour cette faute, doit indemniser l'administration à hauteur du préjudice subi[237]. La force d'un tel principe peut se mesurer à la lumière de la règle selon laquelle, une clause visant à exclure l'engagement d'une responsabilité contractuelle du cocontractant dans une telle hypothèse est entachée de nullité[238].

Il reste que la dissolution des liens contractuels, qu'elle ait pour origine une faute ou l'exercice par l'administration de son pouvoir de résiliation unilatérale, n'exclut pas d'autre règlement financier que l'indemnité de résiliation. Le « règlement des décomptes », même en cas de résiliation pour faute, peut comporter au crédit du cocontractant certaines sommes, comme le paiement ou la valorisation des prestations contractuelles réalisées par exemple, en matière de déchéance des concessions, il a été jugé que le cocontractant déchu à droit, par principe, à l'indemnisation de la valeur non amortie des installations réalisées[239] et pour l'ensemble des contrats publics, l'engagement de la responsabilité contractuelle du

[237] CE, 20 janvier 1988, n° 56 503, Société d'études et de réalisation des applications du froid, Rec., P. 29.
[238] Cf. Art. 76. Cahier des clauses administratives générales applicables au marché public des travaux. Arrêté n° 33/CAB/PM du 13 février 2007.
[239] CE, 27 février 1935, Société des Eaux et du Gaz de Courtenay, Rec., P. 256.

cocontractant défaillant n'exclut pas le droit pour celui-ci d'obtenir la juste rémunération des prestations réalisées[240].

2. La réalisation sans faute : la réparation intégrale du préjudice subi

En matière de résiliation sans faute dans le silence du contrat, la règle est celle de la réparation intégrale du préjudice subi qui assure au cocontractant « tous les avantages qu'il aurait tirés » de l'exécution intégrale du contrat[241].

Tous les Chefs de préjudice peuvent a priori être retenus en vertu d'un principe d'égale « réparabilité » de tous les préjudices subis. Doivent en effet être indemnisés, tous les éléments dommageables entraînés par la fin prématurée du contrat[242]. Il s'agit :

- Des pertes subies ou *damnum* émergents (les capitaux investis) pour l'exécution des missions contractuelles ou, plus généralement, l'ensemble des frais divers liés à la résiliation[243], par exemple des frais généraux ;
- Du gain manqué, au *lucrum cessans* c'est-à-dire le bénéfice légitime que le cocontractant pouvait

[240] CE, 31 janvier 1968, n° 16178 OPHLM de la ville d'Ales C/ Sieur Brasseau, Rec., P. 79. Sur les évolutions récentes, cf. DEVILLERS (P). « Précisions sur les droits du titulaire d'un marché résilié à ses frais et risques ». Contrats et Marchés Publics, n° 8-9, Août 2017, Comm. 209.

[241] CE, 7 août 1874, HOTCHKISS et KOOLIDGE, Rec., P. 825.

[242] AMSECOM/AMSECOCONCOM C/ État du Cameroun, Jugement n° 50/CS/CA du 1er février 1985. Voir aussi CE, Ass. 2 Mai 1958 distillerie de Magnac-Laval, Rec., P. 246.

[243] TERNEYRE (Ph), la responsabilité contractuelle des personnes publiques en droit administratif. Economica 1989, P. 303 ; du même auteur, « Responsabilité contractuelle ». Répertoire de la responsabilité de la puissance publique, avril 2012, Actualisation Août 2017

normalement escompter de l'exécution intégrale de son contrat, ce préjudice étant sans doute le principal[244].

Néanmoins, seuls les préjudices directs et certains sont indemnisés. Si comme le souligne Philippe TERNEYRE, « Le cocontractant a droit à la réparation intégrale de l'ensemble des préjudices qu'il a subi, cette réparation doit se faire sans enrichissement de part et d'autre »[245]. Ce qui exclut, en conséquence, l'indemnisation des préjudices indirects et incertains[246].

B/ L'IMPORTANCE DE LA VOLONTÉ DES PARTIES

Les principes qui précèdent peuvent être perturbés par l'application de la volonté des parties. Il y a lieu de rappeler que l'indemnité de résiliation n'est que la traduction d'un droit contractuel[247]. Le principe de primauté de la responsabilité contractuelle[248] qui doit donc s'appliquer a pour conséquence que les droits du cocontractant qui voit son contrat résilié ne peuvent découler que du contrat[249]. Combiné à la règle du consensualisme, il impose de se référer à la volonté exprimée ou supposée des parties[250]. Les arrêts concernant le calcul de l'indemnité de résiliation sont nombreux à se

---

244 CE, 6 mai 1955, Société CHABAL et Cie, Rec., P. 244.
245 TERNEYRE (Ph), Op. Cit, P. 307.
246 CE, 7 novembre 1930, TEYSSEYRE, Rec., P. 912.
247 CE, 4 mars 1981, n° 10602, CHR de Limoges, Rec., P. 119.
248 TERNEYRE (Ph), La responsabilité contractuelle des personnes publiques en droit administratif. Op. Cit, P. 23.
249 Ibid, P. 45
250 Voir BRUERE (J.C), « Le consensualisme dans les contrats administratifs », RDP 1996, P. 1715 ; BIAKAN (J), « L'obligation dans le processus des contrats publics » in L'obligation. Études offertes au Pr Paul Gérard POUGOUE, Harmattan Cameroun 2015, PP. 135-147

référer et à se soumettre à la volonté des parties[251]. En présence d'une clause indemnitaire, celle-ci est supposée résumer à elle seule les droits à indemnité : le cocontractant ne peut prétendre à aucune autre indemnité que celle prévue par les stipulations contractuelles[252].

Il s'agit là d'une illustration de la règle selon laquelle les parties à un contrat peuvent librement aménager leur responsabilité contractuelle[253]. En réalité, le contrat public est une opération financière et les droits patrimoniaux des parties doivent être préservés surtout en cas d'incidents dans la vie de l'accord. Il convient donc de tirer les, conséquences de l'illicéité d'une clause fixant l'indemnisation du cocontractant à la suite de la résiliation de l'accord par l'administration[254] et les conséquences indemnitaires de la rupture des pourparlers lors de la négociation d'un contrat public restent importantes[255].

---

[251] Voir par exemple CE, 9 juin 2000, n° 186408, Société les Verger de Trianon, BJCP, n° 12 et de manière générale LEBOUËDEC (P), « Le régime de la déchéance du délégataire du service public », ACCP, n° 8n Fév. 2002, P. 32.

[252] Voir surtout CAA Marseille, 2 octobre 2001, Société Immobilière Port de Marimar : Contrats et Marchés Publics, février 2002, n° 43

[253] CE, 23 Mars 1992, n° 87601, 87604 et 87668, Martin, Rec., P. 1104 ; Voir MODERNE (F), « De l'exonération de responsabilité des constructeurs en droit public et en droit privé : esquisse d'analyse comparative », BJCP, 1999, P. 126.

[254] CE, 3 mars 2017, n° 392446, Société Leasacom.

[255] CE, 9 décembre 2016, n° 391840, Société foncière Europe.

CONCLUSION GÉNÉRALE

Le contrat public est une réalité juridique, institutionnelle, financière et sociale au Cameroun. Il est devenu incontournable dans l'action administrative et peut être considéré comme un mode d'action publique et de production des normes.

Les enjeux du thème sur le contentieux des contrats publics sont multiples dans un contexte camerounais fortement marqué en interne par des évolutions constitutionnelles et institutionnelles, le but étant de satisfaire au mieux les besoins d'intérêt général des populations dans un environnement de relance économique et de stabilisation des finances publiques, et à l'extérieur par les contraintes d'intégration sous régionale et internationale.

En droit administratif en général et en contentieux administratif en particulier, le contentieux des contrats publics se singularise par des caractéristiques qui lui sont propres. Les tensions entre cocontractants donnent de plus en plus lieu au recours à des règlements non juridictionnels des litiges contractuels ou à la saisine du juge administratif.

Les procédures et les techniques des règlements non juridictionnels des litiges contractuels sont complexes. La notion même de contrat public, qui est instrument d'action de la personne publique, conduit à un encadrement juridique particulier des recours selon qu'il s'agit des recours administratifs ou des modes de règlement aux solutions obligatoires, la transaction et l'arbitrage ayant été pris à titre d'exemple significatif.

Si le juge administratif est compétent en matière de contentieux des contrats publics en application de la loi 2006/022 du 29 Décembre 2006 fixant l'organisation et le fonctionnement des tribunaux administratifs, et s'il est effectivement saisi des recours en contentieux concernant la passation et l'exécution des contrats publics, on doit reconnaître qu'il reste quelque peu en marge des innovations procédurales et jurisprudentielles enregistrées dans ce domaine. La convocation de l'expérience française en la matière permet alors d'apporter des éclairages sur certaines ouvertures concernant les recours liés à l'urgence, notamment le référé précontractuel et le référé contractuel.

Le recours pour excès de pouvoir qui « est un procès fait à un acte » et au cours duquel le requérant demande l'annulation d'un acte qu'il estime contraire aux normes juridiques qui lui sont supérieures vise uniquement les actes détachables antérieurs à la conclusion du contrat et les clauses réglementaires du contrat. Des avancées jurisprudentielles notables enrichissent l'office du juge administratif concernant ce recours.

Le recours de pleine juridiction en matière contractuelle se distingue par deux (02) types de recours : le recours en déclaration de nullité du contrat et le recours en contestation de validité du contrat. La jurisprudence a connu des évolutions parfois qualifiées de révolutionnaires sur ces deux (02) recours.

La résiliation des contrats publics est une autre illustration de la particularité de ce contentieux et l'objectif est de mettre l'accent sur deux (02) catégories de contentieux : le contentieux lié au motif de la résiliation (la force majeure, la faute du titulaire et l'intérêt général) et le contentieux lié à l'indemnisation si l'on met en exergue d'une part la distinction entre résiliation pour faute et résiliation sans faute et d'autre part l'importance de la volonté des parties.

De manière générale, l'examen et l'analyse des enjeux spécifiques du contentieux des contrats publics au Cameroun sont au centre des préoccupations de l'ouvrage.

BIBLIOGRAPHIE SÉLECTIVE

I. OUVRAGES

- AUBY (J.M). *Traité des recours en matière administrative*. Vol.1, LITEC-PARIS, 1992, 686 P.

- BERGEAL (C) et LENICA (F). *Le contentieux des Marchés Publics*. Éd. le Moniteur, 2004.

- BIAKAN (J). *Droit des marchés publics au Cameroun. Contribution à l'étude des contrats publics*. Coll. Droits africains et Malgaches. L'Harmattan, 2011.

- BINYOUM (J) et NGOLE NGWESE (Ph). *Éléments de contentieux administratif camerounais*. Harmattan 2010, 264 P.

- BINYOUM (J). *Les grands arrêts de la jurisprudence camerounaise*, Éd. Edicef, 2008, 281 P.

- BOUDOT (M), VECCHI (PM). *La théorie des nullités*. Éd. Faculté de droit et des Sciences sociales de Poitiers, 2009, 280 P.

- BROYELLE DE CAMILLE. *Contentieux administratifs*. LGDJ, 2011, 480 P.

- CAILLE (P.O). *Le contentieux administratif. Le juge administratif et le recours.* Vol.1, la documentation française, 2014, 80 P.

- CHAPUS (R). *Droit administratif général*, LGDJ, 15è éd., 2001, T1, 1440 P.

- CHAPUS (R). *Droit du contentieux administratif.* Éd. Montchrestien, 13è éd., 2008, 540 P

- Contrats publics. *Mélanges en l'honneur du Pr. Michel GUIBAL.* Préface André CASTAGNE. CREAM, Presse de la Faculté de droit de Montpellier, Coll. Mélanges, 2 vol., 2016.

- CROUZATIER-DURAND (F). *La fin de l'acte administratif unilatéral.* Ed., l'Harmattan, Coll. Logiques Juridiques, Paris, 2003, 434 P.

- DE LAUBADERE (A), DELVOLVE (P), MODERNE (F). *Traité des contrats administratifs.* LGDJ, 1984.

- DE LAUBADERE (A), MODERNE (F) et DELVOLVE (P). *Traité des contrats administratifs*, 2è éd., T2, 1984, LGDJ.

- DONY (M). *Droit de l'Union Européenne*, Vol.2, éd. de l'Université de Bruxelles, Coll. « UB lire » 2014, 832 P.

- FREDERIC (J). *Guide pratique et juridique du contentieux des Marchés Publics*. Éd. du Puits Fleuri, 2011, 234 P.

- GOLTZBERG (S). *Les sources du droit*, éd. PUF. Que sais-je ? 2016.

- JARROSSON (Ch). *La notion d'arbitrage*, LGDJ, 1987, P. 372.

- KAMTO (M). *Droit administratif processuel du Cameroun*. PUC, 1990, 257 P.

- KEUTCHA TCHAPNGA (C). *Les grandes décisions annotées de la juridiction administrative au Cameroun*. Coll. Harmattan Cameroun, 2017, 734 P.

- KEUTCHA TCHAPNGA(C). *Précis de contentieux administratif au Cameroun* ; *aspects de l'évolution récente*. Yaoundé, l'Harmattan, 2014, 245 P.

- LAFERRIERE (E). *Traité de la juridiction administrative et des recours*. 2è éd., 1887, T2, P. 560.

- LANKARANI EL-ZEIN. *Les contrats d'État à l'épreuve du droit international*. Éditions Bruylant, Coll. Droit International, 2001, 572 P.

- MBOME (F). *Grands arrêts de la jurisprudence camerounaise*. Yaoundé. Pâques, 1986, 342 P.

- MESSEGUE AVOM. *La gouvernance des Marchés Publics*. Les éditions de KILIMANDJARO, 2013, 550 P.

- NICINSKI (S). *Droit public des affaires*. LGDJ, Précis Domat, 2016, 784 P.

- NIHOUL (P). *L'administration contestée, les recours administratifs internes*. Bruylant, 2006, 272 P.

- OWONA (J). *Le contentieux administratif de la République du Cameroun*, éd. L'Harmattan, 2011, 230 P.

- PEQUIGNOT (G). *Théorie générale du contrat administratif*, éd. Pedone, 1945, 625 P.

- POUYAUD (D). *La nullité des contrats administratifs*. LGDJ, 1991, 595 P.

- RICHER (L). *Droit des contrats administratifs*, LGDJ, 10è éd., 2016, 784 P.

- RICHER (L). *Les contrats administratifs*. Dalloz, connaissance du droit, 1991, 117 P.

- SEILLER (B). *Droit administratif. Les sources et le juge*, T1. Flammarion, 6è éd., 2016, 350 P.

- TERNEYRE (Ph). *La responsabilité contractuelle des personnes publiques en droit administratif.* Economica, 1989, 344 P.

- TERNEYRE (Ph). *Les paradoxes de l'annulation des contrats administratifs*. EDCE, 1988, n° 39.

- VINCI (N). *Guide de la transaction en droit administratif.* Territorial éditions, 2012, 60 P.

II. ARTICLES, ÉTUDES ET RAPPORTS

- ALBERTON (G). « L'applicabilité des normes en droit interne, les autorités administratives françaises : obligations de faire et de ne pas faire », RFDA, Janv.-fév. 2012, PP. 1-19.

- ANCEL (J-P). « La nouvelle convention d'arbitrage dans le contrat administratif ». cahiers de l'arbitrage. 1er Juin 2017, n° 1, P. 67.

- ANTOINE (J). « L'arbitrage en droit administratif », LPA, 6 Août 2003, P. 4.

- ANTOINE (J). « Les titulaires du recours en nullité du contrat : comparaison du droit administratif et du droit privé ». Drt. Adm., Novembre 2001, P. 4.

- AUBERT (S). « La notion de litige distinct dans le contentieux de l'exécution des Marchés Publics », AJDA, 2014, P. 1757.

- AUBY (J-M). «La transaction en matière administrative », AJDA, 1956, P. 1.

- BARDON (C) et SIMMONET (Y). « Les référés contractuels. Premières prévisions jurisprudentielles », Dr. Adm., 2010, PP. 22-24.

- BIAKAN (J). « L'obligation dans le processus de formation des contrats publics » in L'obligation. Études offertes au Pr. Paul Gérard POUGOUE, Harmattan-Cameroun, 2015, PP. 138-146.

- BIAKAN (J). « La délégation des services publics en droit camerounais », RASJ, Vol.7, n° 1, 2010, P. 219 et s.

- BIAKAN (J). « Le critère de service public en droit administratif camerounais ». In, ONDOA (M) et ABANE ENGOLO (P-E). Les fondements du droit administratif camerounais. CERCAF, l'Harmattan 2016, PP. 143-164.

- BIAKAN (J). « Recherches sur les contrats publics d'affaires au Cameroun » RASJ, n° spécial, 2014, PP. 135-156.

- BIZARD (A) et QUIREC de KERSAUSON. « Le Conseil d'État bâtit sa jurisprudence en matière d'arbitrage ». cahiers de l'arbitrage, 1er Juillet 2016, n° 2, P. 429.

- BRACONNIER (S). « Regard sur le nouveau droit des concessions ». La Semaine Juridique. Edition générale, n° 14, Avril 2016, Doctr 413.
- BRECHON-MOULENES (Ch.). « Le règlement amiable dans les marchés publics », Rev., Marchés Publics, 1987, P. 21.

- BRENET (F). « Le contrôle du juge administratif sur les sentences arbitrales internationales ». Droit administratif n° 3, Mars 2017, Comm. 12.

- BRUERE (J-C). « Le consensualisme dans les contrats administratifs », RDP, 1996, P. 1715.

- CAEN (A-L). « Les modes alternatifs de règlement des litiges en droit administratif ». RIDC, 1997, Vol. 49, n° 2, PP. 421-425.

- CASSIA (P). « Le référé contractuel : beaucoup de bruit pour presque rien », Mélanges RICHER, LGDJ, 2013, P. 561.

- CHAVRIER (G). « Réflexions sur la transaction administrative », RFDA, 2000, PP. 548-566.

- CHEVALLIER (J). « Loi et contrat dans l'administration publique », Cahiers du Conseil Constitutionnel, n° 17, mars 2005.

- Conseil d'État. Le contrat, mode d'action publique et de production des normes, EDCE, n° 59, La documentation française. 2008.

- Conseil d'État. Régler autrement les conflits : conciliation, transaction, arbitrage en matière administrative. La documentation française. 1993

- Conseil d'État. Section des rapports et des études. Guide des outils d'action économique. juillet 2017.

- De BECHILLON (D) et TERNEYRE (Ph). « Contrats administratifs (contentieux des) ». Répertoire de contentieux administratif, date de fraîcheur avril 2015.

- DELVOLVE (P). « Les contrats de la commande publique », RFDA 2016, P. 200.

- DEVILLERS (P). « Précisions sur les droits du titulaire d'un marché résilié à ses frais et risques ». Contrats et Marchés Publics, n° 8-9, août 2017, Comm. 209.

- DIDRICHE (O). « Modes alternatifs de règlement des différends dans les collectivités ». AJ Collectivités Territoriales 2017, P. 420

- ECKERT (G), « Un an de droit des délégations des services publics », contrats et Marchés Publics, n° 1, janvier 2015, Chron.1

- ECKERT (G). « Encadrement du délai de recours contre les actes détachables du contrat ». Contrats et Marchés Publics n) 10, octobre 2017, Comm. 248

- ECKERT (G). « Conséquences de l'irrégularité de la procédure de passation d'un contrat de partenariat ». Contrats et Marchés Publics n° 10, octobre 2017, Comm. 250

- EVEILLARD GWELTAZ « Le délai pour agir devant le juge administratif », Droit administratif n° 12, décembre 2016, Comm. 63, PP. 1-12.

- FISETTE (J) et SALMI (M). « Le désengagement de l'État en Afrique et les initiatives locales : la naissance de nouvelles formes de partenariat », Cahiers de géographie du Québec. Vol. 35, n° 95, 1991, PP. 349-368.

- GAUDEMET (Y). « Le précontentieux amiable dans les marchés publics », AJDA, 1994, n° spécial, P. 84.

- GAUDEMET (Y). « Le précontentieux : le règlement non juridictionnel des conflits dans les marchés publics », AJDA, 1994, P. 84.

- GIBERT (B) et MEDARD (P). « La résolution des conflits : les procédures amiables et l'arbitrage ». Revue de Droit Fiscal n° 39, 28 Septembre 2017, P. 473

- GUIMDO DONGMO (B-R). « Le droit d'accès à la justice administrative au Cameroun. Contribution à l'étude d'un droit fondamental ». RRJ n° XXXIII-121, 2008-1, P. 469.

- GOUTAL (Y). « Médiation : une réforme au pied d'argile ». AJ Collectivités Territoriales 2017, P. 427

- H. Charles. « Actes rattachables » et « Actes détachables » en droit administratif français. Contribution à une théorie de l'opération administrative ». RIDC, 1968, Vol. 20, n° 4, PP. 771-775.

- HOURSON (S). « Les litiges entre personnes publiques en matière contractuelle ». Droit Administratif n° 8-9, août 2017, 8.

- HOURSON (S). « Un nouveau recours de pleine juridiction des tiers à l'encontre d'un refus de résilier un contrat administratif ». La Semaine Juridique Édition Générale n° 40, 2 octobre 2017, 1032

- JACOT (N). « La notion de force majeure dans les contrats publics » In. Contrats Publics. Mélanges en l'honneur du Professeur M. GUIBAL, P.U, Montpellier I, P. 275 et s.

- JARROSSON (Ch). « L'arbitrage en droit public »AJDA, 1997, P. 16.

- JEGOUZO (L). « L'application de la force majeure en droit des contrats ». In Mélanges en l'honneur du Professeur RICHER, LGDJ, 2013, PP. 355-364.

- KAMTO (M). « La fonction administrative contentieuse de la Cour Suprême au Cameroun » In, les Cours Suprêmes en Afrique, T1, sous la direction de CONAC (G) et de DUBOIS DE GAUDUSSON (J), Paris, Economica, 1988, P. 42.

- LAFAIX (J.F). « La régulation en matière contractuelle ». Contrats et Marchés Publics, n° 8-9, août 2017, Étude 9.

- LAGARDE (X). « Droit processuel et modes alternatifs de règlement des litiges », Rev. Arb. 2011, n° 3, P. 423.

- LE BOT (O). « La procédure devant le juge administratif en matière d'arbitrage : quel contrôle ? Quelle procédure ? ». Cahiers de l'arbitrage, 1er juillet 2015, n° 2, P. 243.

- LEBOUËDEC (P). « Le régime de la déchéance du délégataire du service public », ACCP, n° 8, février 2002, P. 32.

- Le CHATELIER (G). « Liberté de transiger et respect des règles de la commande publique ». AJ Collectivités Territoriales 2017, P. 435.

- LEFOULON (J). « Les formalités en matière de sanctions dans le contrat administratif », AJDA, 1974, 565.485.

- Le GARS (J-M). « Justice administrative et médiation ». AJ Contrat 2017, P. 370

- LICHERE (F). « La passation des concessions » AJDA 2016, P. 1000.

- LINDITCH (F). « Les contrats de délégations de service public après l'ordonnance du 29 Janvier 2016 ». Contrats et Marchés Publics, n° 3, mars 2016, dossier 6.

- LINGIBE (P). « La médiation en droit public – Trois questions à Patrick LINGIBE ». AJ Collectivités Territoriales 2017, P. 431

- LLORENS (F) et SOLER-COUTEAUX (P). « contrat de concession : la nouvelle donne ». Contrat et Marchés Publics, n° 3, 2016, repère 3.

- LLORENS (F) et SOLER-COUTEAUX (P). « Le nouveau recours en résiliation du contrat ouvert aux tiers ». Contrats et Marchés Publics, n° 8-9, août 2017, repère 8.

- LOMBARD (F). « La notion de concession de services », RTD. Com, 2017, P. 295.

- LOMBARD (F). « Modalités d'indemnisation du cocontractant en cas de résiliation pour motif d'intérêt général ». AJDA 2017, P. 1678

- MARGAIRAZ (M), « L'Etat, les finances et l'économie. Histoire d'une reconversion, 1932-1952 ». Annales. Économie. Société. Civilisation, Année 1992, Vol. 47, n° 6, PP. 1219-1221.

- MODERNE (F). « De l'exonération de responsabilité des constructeurs en droit public et en droit privé : esquisse d'analyse comparative », BJCP, 1999, P. 126.

- ODINET (G) et ROUSSEL (S). « Rénovation du contentieux contractuel : travaux de finitions ». AJDA 2017, P. 1169

- PIETRI (J.P). « Un an de droit du contentieux de la commande publique ». Contrats et Marchés Publics, n° 8-9, août 2017, Chron. 5.

- PIETRI (J-P). « Recours des tiers contre le refus de résiliation du contrat ». Contrats et Marchés Publics n° 10, octobre 2017, Comm. 249

- PLESSIX (B). « Les modes alternatifs de règlement des litiges entre personnes publiques ». Droit Administratif n° 8-9, Août 2017, 13

- Rapport du Conseil d'État. Régler autrement les conflits : conciliation, transaction et arbitrage en matière administrative, la documentation française, 1993.

- Rapport du groupe de travail sur l'arbitrage. Paris. La documentation française, 2007, 22 P.

- Rapports et Études du Conseil d'État. EDCE, 1980, n° 32, P. 299 et s., et EDCE 1988, n° 40, P. 13 et s.

- Rapport public 2017. Conseil d'État. Les pages dédiées aux contrats. In Contrats et Marchés Publics, n° 8-9, août 2017, Alerte 27.

- REES (P). « Premier bilan de la jurisprudence administrative en matière de référé contractuel ». Ctts et MP, 2010, Études, 10.360.

- RICHER (L). « Constitution, contrats et commande publique ». Nouveaux Cahiers du Conseil Constitutionnel. octobre 2012.

- RICHER (L). « Les modes alternatifs de règlement de litiges et le droit administratif », AJDA, 1997, P. 3.
- ROUX (G). « La notion de personnes « intéressées » au sens de la jurisprudence Danthony ». AJDA 2017, P. 1649.

- SIRINELLI (J). « Le juge administratif et la nouvelle procédure de médiation – A propos du décret n° 2017-566 du 18 Avril 2017 ». La Semaine Juridique Édition Générale n° 19-20, 8 Mai 2017, 520.

- TARON (D) et GRESY (J). « La médiation administrative : panorama des récentes évolutions ». Petites Affiches, 25 Août 2017, n° 169-170, P. 6.

- TERNEYRE (Ph). « Responsabilité contractuelle ». Répertoire de la responsabilité de la puissance publique, date de fraîcheur Août 2017.

- TERNEYRE (Ph) et GOURDOU (J). « Pour une clarification du contentieux de la légalité en matière contractuelle », CJEG, 1999, P. 249.

- YAZI-ROMAN (M). « Transaction : la question des concessions réciproques ». AJ Collectivités Territoriales 2017, P. 432.

III. THÈSES

- ABA'A OYONO (J-C). La compétence de la juridiction administrative en droit camerounais. Thèse de Doctorat en Droit public (NR). Université de Nantes, 1994, 520 P.

- BIDJA NKOTTO (T). Les contrats de l'administration au Cameroun. Thèse, Droit public, Panthéon, Sorbonne, 2000, 587 P.

- DEAU (R). Les actes administratifs négociés. Thèse de Doctorat, Droit Public, Université d'Angers, 2006, 576 P.

- GUESSELE ISSEME (LP). L'apport de la Cour Suprême au droit administratif camerounais. Thèse, Doctorat Ph.D en droit Public. Université de Yaoundé II, 2010, 702 P.

- VRIGNAUD (M). Les modes non juridictionnels de règlement des litiges administratifs. Thèse de Doctorat Droit public. Université de Nantes, Décembre 2016.

- ZUCCARRO-JURVILLIERS (E). Le tiers en droit administratif. Thèse Droit Public. Université Nancy 2, Juillet 2010, 603 P.

IV. JURISPRUDENCE

IV.1- JURISPRUDENCE CAMEROUNAISE

- CS/CA. Jugement n° 50 du 1er février 1985, AMSECOM-AMSECOM C/Etat du Cameroun.

- CS/CA. Jugement n° 62/94-95 du 29 juin 1995. The Big Brothers Trading Company C/État de Cameroun (MINDIC).

- CS/CA. Jugement n° 147/04-04-ADD du 31 août 2005, Um NTJAM François C/ État du Cameroun.

- Recours n° 1574/RG/2014 du 03 novembre 2014. Société SILK ROAD SARL C/ État du Cameroun (MINMAP).

- Recours n° 088/RG/2015 du 13 février 2015. Société LMT GROUP AXESS C/ État du Cameroun (MINMAP).

- TA-Ydé. Jugement n° 16/2015 du 03 mars 2015. TOUDJANI ALIFA C/État du Cameroun (MINPOST).

- Recours n° 143 RG/2015 du 05 mars 2015. Société GULFIN S&T Co SA.

- TA-Ydé. Jugement n° 52/2015 du 05 mai 2015. Ets TRANSPAC C/État du Cameroun (MINEE).

- TA-Ydé. Jugement n° 96/2015 du 21 juillet 2015. SCIMPEX Afrique Sarl C/État du Cameroun.

- TA-Ydé. Jugement n° 101/2015 du 11 août 2015. AMBASSA MBARGA Luc C/État du Cameroun (MINMAP).

- TA-Ydé. Jugement n° 121/2015 du 15 septembre 2015. NGO NGUEN Rachel C/État du Cameroun (MINAS).

- Recours n° 2059/RG/2015 du 25 septembre 2015. Groupe SESSANGOULA SA C/ État du Cameroun (MINADER).

- Recours n° 2202/RG/2015 du 1er décembre 2015. Société d'industrie Métallurgique des Bâtiments e(t des Travaux Publics (SIM-BTPSA) C/ État du Cameroun (MINMAP).

- TA-Ydé. Jugement n° 21/2015 du 08 décembre 2015. Société anonyme TELESAT C/État du Cameroun (MINAT).

- TA-Ydé. Jugement n° 010/2016 du 05 janvier 2016. Ets LA ROCHE C/État du Cameroun (MINFOF).

- Recours n° 0024/RG/2016 du 14 janvier 2016. GULFIN SA C/ État du Cameroun (MINMAP).

- Ordonnance n° 29/REF/ADD du 28 octobre 2016. Société Construccionnes GALDIANO SA C/ Caisse Autonome d'Amortissement.

IV.2- JURISPRUDENCE FRANÇAISE

- CE, 7 août 1874, HOTCHKISS et KOOLIDGE, Rec., CE 1874, P. 825.

- CE, 4 août 1905, Martin, Rec., P. 749

- CE, 30 mars 1906, Balland.

- CE, 29 janvier 1909, Compagnie de messagerie maritime, n° 17614.

- CE, 29 novembre 1912, BOUSSUGE, Rec., P. 1128.

- CE, 5 janvier 1924, Compagnie Gar, Rec. CE 1924, P. 18.

- CE, 7 novembre 1930, TEYSSEYRE, Rec., CE 1930, P. 912.

- CE, 27 février 1935, Société des Eaux et du Gaz de Courtenay, Rec., CE 1935, P. 256.

- CE, Sect. 22 juillet 1949, Société des Automobiles Berliet, Rec., P. 264.

- CE, 26 avril 1950, n° 83931, DOMERGUE Rec., CE, 1950, P. 813.

- CE, Sect. 4 février 1955, Ville de Saverne, Rec., P. 73.

- CE, 6 mai 1955, Société CHABAL ET Compagnie, Rec., CE 1955, P. 244.

- TA Dijon, 9 mai 1955, Mme Bessis et CE 9/8 SSR 1997-12-29, n° 170822.

- CE, 9 novembre 1955, Société des Transports Routiers Aviat et Cie, Rec., CE 1955, P. 230.

- CE, 2 mai 1958, Société distillerie de Magnac-Laval, Rec., CE 1958, P. 246.

- CE, 26 Février 1960, n° 41391 et 41392, Société Générale d'installation Electrique, Rec. CE, 1960, P. 155.

- CE, 11 janvier 1961, n° 43735, Gugenbeim, Rec., CE 1961, P. 1101.

- CE, 13 juillet 1961, Société Indochinoise d'Électricité, Rec., CE 1961, P. 519.
- CE, Sect., 13 Juillet 1961, n° 47355, Société d'entreprise générale et de travaux publics pour la France et les colonies et ministre des travaux publics, Rec., CE, 1961, P. 473, AJDA, 1961, P. 548.

- CE, Sect., 24 avril 1964, SA de livraison industrielle et commerciale, Rec., P. 239

- CE, Sect., 26 mars 1965, n° 50049, Dame Moulinet, Rec., CE, 1965, P. 209.

- CE, 5 janvier 1966, n° 58623, HAWEZACK, Rec., CE, 1966, P. 6.

- Civ., 02 mai 1966, Tresor public C/ Galakis, Bull. Civ. 1, n° 256.

- CE, 8 décembre 1967, Cts Cazautets, RDP, 1968, P. 942.

- CE, 31 janvier 1968, n° 16178, OPHLM de la ville d'Ales C/ Sieur Brasseau, Rec., CE 1968, P. 79.

- CE, 19 mars 1971, n° 79972, Mergui Rec., CE, 1971, P. 235

- CE, Sect., 8 novembre 1974, EPOUX FIGUERAS, Requête, n° 83517, Rec., P. 545

- CE, 4 juin 1976, Desforets. Rec., P. 301.

- CE, 19 mars 1978, n° 95331, SA. Entreprise Rénaudin, Rec., CE, 1978, P. 140.

- CE, 4 mars 1981, n° 10602, CHR de Limoges, Rec., CE 1981, P. 119.

- CE, 29 janvier 1982, Martin, n° 19926.

- CE, 6 mai 1985, n° 41589/41699, Association Eurolat.

- CE, 8 novembre 1985, OZILOU, n° 40449 et 40451, Rec., 1985, P. 317.

- CE, 16 avril 1986, CLT n° 74993, 75052 et 75053.

- CE, 20 janvier 1988, Société d'Études et de réalisation des applications du froid, n° 56503, Rec., CE, 1988, P. 29.

- CE, 14 décembre 1988, Établissement public d'aménagement de la ville nouvelle de Saint-Quentin-en-Yvelines, n° 71627.

- CAA Bordeaux, 23 mai 1989, n° 89BX00237, SA. SAMC-ACIEROID, D., 1990, P. 68.

- CE, 24 janvier 1990, Dame Martinetti, Rec., P. 557.

- CE, Sect., 4 mai 1990, n° 71707, Compagnie Industrielle Maritime CIM. Rec., 1990, P. 113.

- CE, 23 mars 1992, n° 87601, 87604, 87668, Martin, Fraboulet et autres, AJDA 1992, P. 376.

- CE, Sect. 7 octobre 1993, n° 54660, Société le YACHE Club International. Rec., CE 1993, P. 971.

- CE, 1er avril 1994, Ets DUCROS, n° 120121.

- CE, Sect., 7 octobre 1994, n° 124244, EPOUX LOPEZ, Rec., CE, 1994, P. 430.

- TA Dijon, 9 mai 1995, Mme Bessis et CE 918 SSR 1997-12-29, n° 170822.

- CE, 8 décembre 1995, n° 144029, Commune de Saint Tropez, Rec., 8 Décembre 1995, P. 431.

- CE, 10 juin 1996, n° 176873, 176874 et 176875, Préfet de Côte-d'Or, Rec., CE 1996, P. 198.

- CE, Ass., 10 juillet 1996, Cayzeele, n° 138536.

- CE, 14 mars 1997, Cie d'aménagement des coteaux de Gasgogne, n° 119055.

- CAA de bordeaux, 28 avril 1997, Requête n° 96BX01843, Commune d'Ales, Rec., Lebon, P. 943.

- CE, Avis, Sect., 3 décembre 1997, Compagnie de gestion des eaux du Sud-Est (Section du Rapport et des études).

- CE, Avis du 6 mars 1998, EDCE 1987, n° 38, P. 178.

- CE, 25 mai 1998, ABADIE, Rec., CE 1998, P. 1026.

- CE, 30 décembre 1998, Syndicat National de l'Industrie Pharmaceutique, n° 194399.

- CE, 4 juin 1999, Cie Galle de Chauffe, D., 2000, P. 219.

- CE, 9 juin 2000, n° 186408, Société les Vergers de Trianon

- CE, Sect., 20 octobre 2000, Cite Câble Est, n° 196553

- CE, Sect. 20 octobre 2000, n° 196553, Société Cité Câbles Est.

- CE, 11 décembre 2000, Mme AGOFROV, n° 202971.

- CE, 23 avril 2001, n° 215552

- CAA Marseille, 2 octobre 2001, n° 00MA02080, Société immobilière. Port de Miramar.

- CE, Avis, 6 décembre 2002, n° 249153, Syndicat intercommunal des établissements du second cycle du second degré du district de l'Haïj-les-Roses. Rec., CE 2002, P. 433.

- CE, 11 septembre 2006, n° 255273, Commune de Théoule-sur-Mer. AJDA 2006, P. 2125.

- CE, 20 octobre 2006, Commune d'Andeville, n° 289234.

- CAA Marseille, 22 janvier 2007, SA, les Sables d'Or et autres, n° 04MA01928.

- TC, 18 juin 2007, n° 3600, Société Briançon Bus et Brunet : Juris-Data, n° 2007-336775.

- CAA Lyon, 5 juillet 2007, Avrillier, n° 01LY00589, Juris-Data n° 2007-356212.

- CE, Ass., 16 juillet 2007, Société Tropic Travaux Signalisation, n° 291545. P. 360

- TA-Caen, Ord. 15 mai 2008, Société Forestière d'Investissement Immobilière et Société FONCIM, n ° 081068

- CE, 8 août 2008, Région Bourgogne, n° 307143.

- CE, Section 3 octobre 2008, Syndicat mixte intercommunal de réalisation et de gestion pour l'élimination des ordures ménagères du secteur Est de la Sarthe (SMIGEOOMES), n° 305420.

- CE, 4 février 2009, Communauté d'agglomération du bassin du Thau, n° 311949.

- CE, 1ER juillet 2009, Cie des Transports de La Roche-Sur-Yon, n° 306756

- CE, 28 décembre 2009, Bézier 1, n° 304802.

- CE, Ass, 28 décembre 2009, Commune de Béziers, n° 304802.3.

- CE, 10 novembre 2010, France Agrimer, n° 340944.

- CE, 21 février 2011, Société Orphrys et Communauté d'agglomération Clermont-Communauté, n° 337349, 337394.

- CE, Ass, 21 mars 2011, Commune de Béziers, n° 304806.

- CE, 30 septembre 2011, Commune de Maizières-lès-Metz, n° 350148.

- CE, 30 septembre 2011, Département de la Haute-Savoie C/ Société GTS, n° 350153.

- CE, 27 octobre 2011, Département du Bouches-du-Rhône, n° 350935.

- CE, 23 novembre 2011, Département du Bouches-du-Rhône, n° 350519.

- CE, 23 décembre 2011, Département de la Guadeloupe, n° 350231.

- CE, 1er mars 2012, Office Public de l'Habitat (OPAC) du Rhône, n° 355560.

- CE, 11 avril 2012, Syndicat ODY 1218, New line du LLOYD'S de Londres, n° 354652.

- CE, Avis en Assemblée du contentieux, n° 249153 du 6 décembre 2012.

- CAA Paris, Plén, 3 avril 2014, n° 13 PA02769. Association de la justice dans la cité.

- CE, 4 avril 2014, requête n° 358994, Département du Tarn et Garonne.

- CAA Bordeaux, 4 novembre 2014, Syndicat mixte pour l'équipement et le développement touristique de la côte du pays basque.

- CE, 9 juillet 2015, Football Club des Girondins de Bordeaux et autres. N° 375542.

- CE, 14 octobre 2015, Région Réunion, n° 391183.

- CE, 9 novembre 2016, n° 388806, Société Fosmax LNG.

- CE, 9 décembre 2016, n° 391840, Société foncière Europe.

- CE, 3 mars 2017, n° 392446, Société Leasacom.

- TA Bordeaux, 20 mars 2017, n° 1500706, Association des architectes du patrimoine. JCP/La Semaine Juridique. Edition Administration et collectivités territoriales, n° 29, 24 Juillet 2017.

- CE, Sect., 30 juin 2017, n° 391283, Syndicat mixte de promotion de l'activité transmanche (SMPAT).

- CE, 24 mai 2017, n° 407213, Sté Régal des Iles concernant la notion de risque d'exploitation.

- CAA Paris, 4 juillet 2017, n° PA02283, D.

- CE, 5 juillet 2017, n° 401940, Cne Teste-de-Buch.

V. PRINCIPAUX TEXTES EN VIGUEUR SUR LES CONTRATS PUBLICS

- Traité sur l'harmonisation du Droit des Affaires en Afrique du 17 octobre 1993.

- Convention de concession de l'activité ferroviaire au Cameroun entre la République du Cameroun et le concessionnaire CAMRAIL du 19 janvier 1999.

- Convention de concession de la téléphonie cellulaire entre la République du Cameroun et la Société Camerounaise de Mobiles.

- Convention de concession de gestion et d'exploitation d'aéroports entre l'Etat du Cameroun et la Société « Aéroport du Cameroun » du 12 août 1994.

- Règlement n° 17/99/CEMAC-020-CM-03 relatif à la charte des investissements de la CEMAC.

- Directive n° 06/11/UEAC-190-CM-22 relative au Code de transparence et de bonne gouvernance dans la gestion des finances publiques.

- Directive n° 02/08/UEAC-190-CM-17 portant règlement général de la comptabilité publique.

- Loi n° 2006/016 du 29 décembre 2008 fixant l'organisation et le fonctionnement de la Cour Suprême.

- Loi n° 2006/022 du 29 décembre 2006 fixant l'organisation et le fonctionnement des tribunaux administratifs

- Loi n° 96/6 du 18 janvier 1996 modifiée par la loi n° 2008/001 du 14 Avril 2008 portant constitution de la République du Cameroun.

  Loi n° 2004/17 du 22 juillet 2004 portant orientation de la décentralisation.

- Loi n° 2006/012 du 29 décembre 2006 fixant le régime général des contrats de partenariats.

- Lio n° 2017/010 du 12 juillet 2017 portant statut général des établissements publics.

- Loi n° 2017/011 du 12 juillet 2017 portant statut général des entreprises publiques.

- Décret n° 2004/275 du 24 septembre 2004 portant Code des Marchés Publics.

- Décret n° 2008/0115 du 24 janvier 2008 portant modalités d'application de la loi n° 2006/12 du 29

Janvier 2006 fixant le régime général des contrats de partenariat.

- Arrêté n° 33/CAB/PM du 13 février 2007 portant cahiers des clauses administratives générales applicables aux marchés publics des travaux de fournitures, de service et de prestations intellectuelles.

- Décision n° 0010/D/MINMAP/CAB du 28 janvier 2013 portant création, organisation et fonctionnement du Comité d'examen des différends relatifs à la passation des marchés publics.

- Décision n° 0463/D/MINMAP/CAB/ du 25 août 2015 portant réorganisation du Comité d'examen des recours et des différends relatifs à l'attribution des marchés publics.

- Code de justice administrative. Version juillet 2017

- Code Civil.

TABLE DES MATIÈRES

Questions juridiques aux éditions L'Harmattan

Dernières parutions

EXISTE-T-IL ENCORE UN SEUL « NON BIS IN IDEM » AUJOURD'HUI ?
Sous la direction de Delphine Brach-Thiel
«Nul ne doit pouvoir être jugé et condamné deux fois à raison des mêmes faits.» Si le principe est simple, c'est précisément son interprétation par de très nombreuses juridictions - pas toujours à l'unisson - qui pose question et explique le retour de ces interrogations sur le devant de la scène aujourd'hui. L'analyse ici présentée se veut riche et féconde de la rencontre entre universitaires belges et français, entre praticiens et chercheurs, entre européanistes, internationalistes ou pénalistes.
(Coll. Comité international des pénalistes francophones, 23.50 euros, 230 p.)
ISBN : 978-2-343-11828-4, ISBN EBOOK : 978-2-14-004143-3

ESSAI SUR LA NOTION D'EXÉCUTION CONTRACTUELLE
Alvarez Isabelle
L'exécution contractuelle constitue la cause impulsive de l'établissement du contrat qui, paradoxalement, est un mécanisme trop familier pour être bien connu. Adopter une méthode d'analyse alternative permet d'esquisser une définition de cette notion juridique. Est ici proposée une approche dynamique des échanges contractualisés, orientés vers la réalisation satisfactoire de l'opération économique, démontrant que cette phase exécutoire recèle un panel étendu de perspectives. (Étude à jour de l'ordonnance n° 2016-131 du 10 février 2016 portant réforme du droit des contrats, du régime général et de la preuve des obligations).
(Coll. Logiques Juridiques, 45.00 euros, 486 p.)
ISBN : 978-2-343-12604-3, ISBN EBOOK : 978-2-14-004271-3

LES ACCORDS COLLECTIFS DE GROUPE
Théodoropoulos Alexandra - Préface de Gérard Vachet
De simple expérimentation issue de la pratique, la négociation collective de groupe est devenue un véritable niveau de négociation collective reconnue par le législateur. L'accord de groupe est désormais consacré comme une norme créatrice de droits et d'obligations entre employeurs et salariés du groupe, mais sa place dans la hiérarchie des normes n'a pas été précisée. Cette situation génère de nombreuses interrogations quant à sa portée et à ses limites.
(Coll. Logiques Juridiques, 44.00 euros, 440 p.)
ISBN : 978-2-343-12269-4, ISBN EBOOK : 978-2-14-004330-7

LA SIMPLIFICATION DU DROIT DES SOCIÉTÉS À L'AUNE DU CAS HONGKONGAIS
L'exemple des SARL et SAS
Tortellier Nathalie - Préface de Mme le professeur Catherine Barreau
Cette étude comparative puise dans les règles et mécanismes de la société fermée à risque limité hongkongaise des techniques pouvant fortement contribuer à l'assouplissement et à la simplification du droit des sociétés. L'analyse décortique la vie des SARL et SAS et propose l'application de la méthodologie pragmatique du droit hongkongais par thèmes dans un souci d'adaptabilité du droit français. Il ressort de cette analyse comparative 80 recommandations inspirées de la société hongkongaise pour développer une société outil au service de l'entreprise, une société adaptée et adaptable aux acteurs économiques contemporains.
(Coll. Logiques Juridiques, 49.00 euros, 638 p.)
ISBN : 978-2-343-11885-7, ISBN EBOOK : 978-2-14-004220-1

LE DROIT DE L'INFORMATIQUE
4e édition (2017)
Bismuth Yves
À travers l'étude des grands thèmes du droit de l'informatique (protection des logiciels et des données, contrats informatiques, protection des libertés, gestion du risque informatique), cet ouvrage permet au lecteur d'établir lui-même un diagnostic juridique des problèmes rencontrés à l'occasion de la mise en place d'un système informatique. Il est complété par des extraits de code, une bibliographie, un index et un lexique, et est à jour des dernières lois et décrets intervenus en la matière.
(38.00 euros, 436 p.)
ISBN : 978-2-343-11527-6, ISBN EBOOK : 978-2-14-004177-8

MÉTHODE ET ASPECTS FORMELS DE LA RECHERCHE
Petit manuel à l'usage des juristes (2e édition)
Marain Gaëtan
L'ouvrage propose un apprentissage de la recherche et de son formalisme qui doit permettre aux étudiants confrontés à la rédaction d'une thèse ou d'un mémoire en droit d'aborder ce travail avec sérénité. L'auteur donne ainsi une méthode pour définir le sujet, échafauder un plan et trouver la documentation utile. Est également abordée, entre autres, la question du référencement des sources et de la citation d'auteur. Des recommandations propres à l'organisation de la soutenance et à son bon déroulement sont prodiguées. Voici un guide à même d'éclairer les premiers pas du jeune chercheur en droit.
(15.50 euros, 138 p.)
ISBN : 978-2-343-12682-1, ISBN EBOOK : 978-2-14-004300-0

LA PROCÉDURE DE LIBÉRATION CONDITIONNELLE COMME OUTIL DE GESTION DU RISQUE
Ben Gadi Amélie - Préface de Joana Falxa
La procédure d'octroi de la libération conditionnelle des longues peines témoigne d'une sévérité accrue à leur égard. En imposant une évaluation de dangerosité, le législateur a souhaité «verrouiller» la procédure. Cependant, la notion de

dangerosité est très complexe à définir et ne fait l'objet d'aucune définition légale. Elle introduit la notion de gestion du risque, ouvrant le chemin vers une justice de précaution. La présente étude éclaire la problématique de la réinsertion des longues peines.
(Coll. Bibliothèques de droit, 15.00 euros, 132 p.)
ISBN : 978-2-343-11550-4, ISBN EBOOK : 978-2-14-004296-6

LETTRE À TOUS CEUX QUI PERSISTENT À VOULOIR FAIRE LEUR DROIT
Charles Thierry
Le droit court derrière la «révolution numérique». Les algorithmes nous espionnent et restreignent les libertés publiques, ils calculent les indemnités au service des compagnies d'assurances. La diminution lente et continue des services chargés de veiller à l'application du droit affaiblit et parfois anéantit l'efficacité de ces lois. L'échec de la loi Hadopi est significatif à cet égard. Le mal est en fait bien plus profond et ne date pas d'hier. Nous vivons une époque de démolition des codes établis. Si le droit est partout, en définitive il n'est nulle part...
(20.50 euros, 204 p.)
ISBN : 978-2-343-12343-1, ISBN EBOOK : 978-2-14-004306-2

FÊTE ET DROIT PUBLIC
Sous la direction d'Adrien Azarete, Elie Guerrero et Thomas Moretto
S'inscrivant dans une approche globale et élargi à tout le droit public, le présent ouvrage, issu du colloque « Fête du Droit Public », a pour objet l'étude de l'application du droit public dans la fête par les différents acteurs de cette branche du droit. De l'autorisation de la fête à sa responsabilité, en passant par son organisation, son coût et sa sécurité, le droit public est présent partout, de par l'évidente présence et implication de la puissance publique et des collectivités territoriales.
(Coll. Bibliothèques de droit, 20.00 euros, 192 p.)
ISBN : 978-2-343-11018-9, ISBN EBOOK : 978-2-14-003946-1

LA DÉMOCRATIE EN DROIT INTERNATIONAL
Étude critique sur le statut juridique de la démocratie en droit international et la légitimité de l'imposer par la force
Alshiabani Abuhamoud
En droit international, la démocratie était jusqu'à très récemment absente. Malgré les appels lancés au début du 20e siècle, celui-ci a toujours considéré la démocratie comme une idéologie dans laquelle il ne doit pas s'impliquer. Après la fin de la Guerre froide et la victoire de la démocratie libérale, la démocratie s'est renforcée au plan international. Elle a exercé une pression considérable sur le droit international pour qu'il s'adapte aux nouvelles exigences des réalités politiques. Cet ouvrage traite de ce sujet et montre le contexte dans lequel se sont développés la démocratie et le concept d'ingérence démocratique.
(Coll. Logiques Juridiques, 39.00 euros, 408 p.)
ISBN : 978-2-343-10818-6, ISBN EBOOK : 978-2-14-003833-4

LES PRINCIPES GÉNÉRAUX DANS LA JURISPRUDENCE DE L'ORGANE DE RÈGLEMENT DES DIFFÉRENDS DE L'OMC
Aydi Ghozzi Mariem - Préface de Slim Laghmani
Représentant la justice marchande, le Système de règlement des différends de l'organisation Mondiale du Commerce (OMC) est censé rendre une meilleure justice. Bien qu'il ne constitue pas une véritable juridiction, il chemine sur les traces du juge international dans la détermination et la régulation du sens du droit de cette organisation, les principes généraux devraient en constituer des instruments de moralisation et de développement. Cependant, la méthode par laquelle l'organe de règlement des différends appréhende lesdits principes mérite une attention particulière.
(Coll. Droit aujourd'hui, 37.50 euros, 368 p.)
ISBN : 978-2-343-12079-9, ISBN EBOOK : 978-2-14-004047-4

LA RESPONSABILITÉ DES ENTREPRISES MULTINATIONALES POUR LES VIOLATIONS DES DROITS DE L'HOMME EN AFRIQUE
Opportunités et défis
Belporo Christelle
La question de la responsabilité des entreprises multinationales pour les violations des droits de l'homme est d'une actualité brûlante. Alors qu'à travers le monde les scandales se multiplient, sur le continent africain, des voix s'élèvent pour dénoncer les nombreuses violations des droits internationalement protégés. Cet ouvrage évalue les réponses offertes par le droit pour l'encadrement de la responsabilité juridique des entreprises multinationales à l'aune des instruments internationaux et africains.
(Coll. Études africaines, 20.50 euros, 200 p.)
ISBN : 978-2-343-11365-4, ISBN EBOOK : 978-2-14-004005-4

CONCEPTS ET PRATIQUES PROFESSIONNELLES EN DOUANES
Origines, procédures, régimes et valeur
Bouga Boukari Dan
Ce livre explique d'abord les concepts, c'est-à-dire le vocabulaire douanier de façon à ne saisir que l'essentiel. Il expose ensuite les exigences des pratiques douanières pour tous les scénarios du commerce international. II procède enfin à des illustrations pour une meilleure compréhension des droits et obligations des opérateurs en douane.
(Harmattan Côte-d'Ivoire, 20.00 euros, 184 p.)
ISBN : 978-2-343-11805-5, ISBN EBOOK : 978-2-14-004075-7

L'Harmattan Italia
Via Degli Artisti 15; 10124 Torino
harmattan.italia@gmail.com

L'Harmattan Hongrie
Könyvesbolt ; Kossuth L. u. 14-16
1053 Budapest

L'Harmattan Kinshasa
185, avenue Nyangwe
Commune de Lingwala
Kinshasa, R.D. Congo
(00243) 998697603 ou (00243) 999229662

L'Harmattan Congo
67, av. E. P. Lumumba
Bât. – Congo Pharmacie (Bib. Nat.)
BP2874 Brazzaville
harmattan.congo@yahoo.fr

L'Harmattan Guinée
Almamya Rue KA 028, en face
du restaurant Le Cèdre
OKB agency BP 3470 Conakry
(00224) 657 20 85 08 / 664 28 91 96
harmattanguinee@yahoo.fr

L'Harmattan Mali
Rue 73, Porte 536, Niamakoro,
Cité Unicef, Bamako
Tél. 00 (223) 20205724 / +(223) 76378082
poudiougopaul@yahoo.fr
pp.harmattan@gmail.com

L'Harmattan Cameroun
TSINGA/FECAFOOT
BP 11486 Yaoundé
699198028/675441949
harmattancam@yahoo.com

L'Harmattan Côte d'Ivoire
Résidence Karl / cité des arts
Abidjan-Cocody 03 BP 1588 Abidjan 03
(00225) 05 77 87 31
etien_nda@yahoo.fr

L'Harmattan Burkina
Penou Achille Some
Ouagadougou
(+226) 70 26 88 27

L'Harmattan Sénégal
10 VDN en face Mermoz, après le pont de Fann
BP 45034 Dakar Fann
33 825 98 58 / 33 860 9858
senharmattan@gmail.com / senlibraire@gmail.com
www.harmattansenegal.com

www.ingramcontent.com/pod-product-compliance
Lightning Source LLC
LaVergne TN
LVHW021224061026
849535LV00008B/2897